# 清涼國師華嚴經疏鈔

# 청량국사화엄경소초 15

세주묘엄품 ⑤

청량징관 찬술 · 관허수진 현토역주

운주사

서언

# 천이백 년 침묵의 역사를 깨고

오늘도 나는 여전히 거제만을 바라본다.
겹겹이 조종하는 산들
산자락 사이 실가닥 저잣길을 지나 낙동강의 시린 눈빛
그 너머 미동도 없는 평온의 물결 저 거제만을 바라본다.
십오 년 전 그날 아침을 그리며 말이다.
나는 2006년 1월 10일 은해사 운부암을 다녀왔다.
그리고 그날 밤 열한 시 대적광전에서 평소에 꿈꾸어 왔던 『청량국사 화엄경소초』 완역의 무장무애를 지심으로 발원하고 번역에 착수하였다.
나의 가냘픈 지혜와 미약한 지견으로 부처님의 비단과도 같은 화장세계에 청량국사의 화려하게 수놓은 소초의 꽃을 피워내는 긴 여정을 시작한 것이다.
화엄은 바다였고 수미산이었다.
그 바다에는 부처님의 용이 살고 있었고
그 산에는 부처님의 코끼리가 노닐고 있었다.
예쁘게 단장한 청량국사 소초의 꽃잎에는 부처님의 생명이 태동하고 있었고,
겁외의 연꽃 밭에는 영원히 지지 않는 일승의 꽃이 향기를 뿜어내고

있었다.

그 바다 그 산 그리고 그 꽃밭에서 10년 7개월(구체적으로는 2006년 1월 10일부터 2016년 8월 1일까지) 동안 자유롭게 노닐었다.

때로는 산 넘고 강 건너 협곡을 지나고

때로는 은하수 별빛 따라 오작교도 다니었다.

삼경 오경의 그 영롱한 밤

숨쉬기조차 미안한 고요의 숭고함

그 시공은 영원한 나의 역경의 놀이터였다.

애시당초 이 작업은 세계 인문학의 자존심

내가 살아 숨쉬는 이 나라 대한민국 그리고 불교의 자존심에 기인한 것이다.

일찍이 그 누가 이 청량국사의 『화엄경소초』를 완역하였다면 나는 이 작업을 하지 않았을 것이다.

지금도 여전히 완역자는 없다.

더욱이 이 『청량국사화엄경소초』의 유일한 안내자 인악스님의 『잡화기』와 연담스님의 『유망기』도 그 누가 번역한 사실이 없다.

그러나 내 손안에 있는 두 분의 『사기』는 모두 다 번역하여 주석으로 정리하였다.

이 청량국사 화엄경의 소는 초를 판독하지 않으면 알 수가 없다.

그래서 그 이름을 구체적으로 대방광불화엄경수소연의초大方廣佛華嚴經隨疏演義鈔라 한 것이다.

즉 대방광불화엄경의 소문을 따라 그 뜻을 강연한 초안의 글이라는 것이다.
청량국사는 『화엄경』의 소문을 4년(혹은 5년) 쓰시되 2년차부터는 소문과 초문을 함께 써서 완성하시고 5년차부터 8년 동안 초문을 쓰셨다.
따라서 그 소문의 양은 초문에 비하면 겨우 삼분의 일에 지나지 않는다 할 것이다.

나는 1976년 해인사 강원에서 처음 『청량국사화엄경소초 현담』 여덟 권을 독파하였고,
1981년부터 3년간 금산사 화엄학림에서 『청량국사화엄경소초』를 독파하였다.
그때 이미 현토와 역주까지 최초 번역의 도면을 완성하였고,
당시에 아쉽게 독파하지 못한 십정품에서 입법계품까지의 소초는 1984년 이후 수선 안거시절 해제 때마다 독파하여 모두 정리하였다.

그러나 번역의 기연이 맞지 않아 미루다가 해인사 강주시절 잠시 번역에 착수하였으나 역시 기연이 맞지 않아 미루었다.
그리고 드디어 2006년 1월 10일 번역에 착수하여 2016년 8월 1일 십만 매 원고로 완역 탈고하고, 2020년 봄날 시공을 초월한 사상 초유 『청량국사화엄경소초』가 1,200년 침묵의 역사를 깨고 이 세상에 처음 눈을 뜨게 된 것이다.

번역의 순서는 먼저 입법계품의 소초, 다음에는 세주묘엄품 소초에서 이세간품 소초까지, 마지막으로 소초 현담을 번역하였다.
번역의 형식은 직역으로 한 글자도 빠뜨리지 않고 번역하였다.
따라서 어색하게 느껴지는 곳도 있을 것이다.
예를 들면 소所 자를 "바"라 하고, 지之 자를 지시대명사로 "이것, 저것"이라 하고, 이而 자를 "그러나"로 번역한 등이 그렇다.
판본은 징광사로부터 태동한 영각사본을 뿌리로 하였고, 대만에서 나온 본과 인악스님의 『잡화기』와 연담스님의 『유망기』와 또 다른 사기 『잡화부』(잡화부는 검자권부터 광자권까지 8권만 있다)를 대조하여 번역하였다.

앞에서 이미 말한 것처럼, 그 누가 청량국사의 『화엄경소초』를 완역한 적이 있었다면 나는 이 번역에 착수하지 않았을 것이다.
지금까지 이 황금보옥黃金寶玉의 『청량국사화엄경소초』가 번역되지 아니한 것은 나에게 주어진 시대적 사명이고 역사적 명령이라 생각한다.
나는 이 『청량국사화엄경소초』의 완역으로 불조의 은혜를 갚고 청량국사와 은사이신 문성노사 그리고 나를 낳아준 부모의 은혜를 일분 갚는다 여길 것이다.

끝으로 이 『청량국사화엄경소초』가 1,200년의 시간을 지나 이 세상에 눈뜨기까지 나와 인연한 모든 사람들 그리고 영산거사 가족과 김시열 거사님께 원력의 보살이라 찬언讚言하며, 나의 미약한 번역으로 선지자의 안목을 의심케 할까 염려한다.

마지막 희망이 있다면 이 『청량국사화엄경소초』의 완역 출판으로 청량국사에 대한 더욱 깊고 넓은 연구와 『화엄경』에 대한 더욱 다양한 연구가 이루어지기를 바라는 것뿐이다.

장세토록 구안자의 자비와 질책을 기다리며 고개 들어 다시 저 멀리 거제만을 바라본다.

여전히 변함없는 저 거제만을.

2016년 8월 1일 절필시에 게송을 그리며

長廣大說無一字 장광대설무일자
無碍眞理亦無義 무애진리역무의
能所兩詮雙忘時 능소양전쌍망시
劫外一經常放光 겁외일경상방광

화엄경의 장대한 광장설에는 한 글자도 없고
화엄경의 걸림없는 진리에는 또한 한 뜻도 없다.
능전의 문자와 소전의 뜻을 함께 잊은 때에
시공을 초월한 경전 하나 영원히 광명을 놓누나.

불기 2565년 음력 1월 10일 최초 완역장
승학산 해인정사 관허 수진

● 화엄경소초현담華嚴經疏鈔玄談(1~8)

● 화엄경소초華嚴經疏鈔

# 대방광불화엄경수소연의초 제삼권
## 大方廣佛華嚴經隨疏演義鈔 第三卷

우진국 삼장사문 실차난타 번역
청량산 대화엄사 사문 징관 찬술
대한민국 조계종 사문 수진 현토역주

# 세주묘엄품 제일의 삼권

## 世主妙嚴品 第一之三卷

經

復次 持國乾闥婆王은 得自在方便으로 攝一切衆生하는 解脫門하며

다시 지국 건달바왕[1]은 자재한 방편으로 일체중생을 섭수하는 해탈문을 얻었으며,

疏

自下는 第二에 有八段하니 明八部四王衆이라 初四段에 皆初一은 是天이니 義如前釋하니라 今初는 乾闥婆王이라 長行十法에 初一은 卽東方天王이니 謂攝受折伏을 逆順多端하야 善巧應機일새 故名自在니라

여기부터 아래는 제 두 번째 팔단八段이 있나니

---

1 지국 건달바왕 이하는 제 여덟 번째 진여상회향에 속한다.

팔부 사천왕 대중(八部四王衆)을 밝힌 것이다.

처음 사단四段에 다 처음 일단一段은 이 하늘이니

뜻이 앞에서 해석한 것[2]과 같다.

지금은 처음으로 건달바왕이다.

장행문 십법에 처음에 하나는 곧 동방의 천왕이니,

말하자면 섭수하고 절복하기를 역순逆順으로 다단하게 하여 선교善巧로 근기에 응하기에 그런 까닭으로 자재自在라 이름한 것이다.

2 앞에서 해석한 것이란, 팔부 사왕은 영인본 화엄 2책, p.645, 8행에 있고 건달바왕은 영인본 화엄 2책, p.665, 5행에 있다.

經

樹光乾闥婆王은 得普見一切功德莊嚴하는 解脫門하며

수광 건달바왕은 널리 일체 공덕으로 장엄한 것을 보게 하는 해탈문을 얻었으며,

疏

二에 普見等者는 謂令衆生으로 見佛一切功德嚴케하나니 佛一毛로 而爲利益케하고 一一皆爾케할새 故云普見이라하니라

두 번째 널리 보게 한다고 한 등은, 말하자면 중생으로 하여금 부처님[3]의 일체 공덕으로 장엄한 것을 보게 하는 것이니,
부처님의 한 털구멍으로 이익케 하고 낱낱 털구멍에도 다 그렇게 하기에 그런 까닭으로 말하기를 널리 보게 한다 하였다.

---

3 불佛 자는 『잡화기』에 衍이라 한 것은 경문에 없기에 하는 말이나 있어도 무방하다.

經

淨目乾闥婆王은 得永斷一切衆生憂苦하고 出生歡喜藏케하는 解脫門하며

정목 건달바왕은 영원히 일체중생의 근심과 괴로움을 끊고 환희의 창고를 출생하게 하는 해탈문을 얻었으며,

疏

三에 以慈愍方便으로 除憂則喜生하리니 憂苦가 旣如海廣深하며 喜樂亦難盡일새 名藏이라 然則世之憂喜가 生乎利害하고 利害가 存乎情僞하며 苦樂이 存乎吉凶하고 吉凶이 存乎愛惡하나니 愛惡盡하면 則吉凶苦樂이 皆亡하고 情僞息하면 則利害憂喜가 永斷하리라 如此라사 方爲永斷憂苦하고 喜樂生焉하리라

세 번째 자비롭고 어여삐 여기는 방편으로써 근심을 제멸하면 곧 환희가 출생하리니,
근심과 괴로움이 이미 바다와 같이 넓고도 깊으며,
환희의 즐거움도 역시 다하기 어렵기에 이름을 창고(藏)라 하였다.
그러나 곧[4] 세간의 근심과 기쁨이 이익과 손해에서 생겨나고 이익과 손해가 진정과 허위에서 있게 되며,

4 즉則 자는 연衍 자인 듯하다. 초문에는 즉則 자가 없다.

괴로움과 즐거움이 길하고 흉함에서 있게 되고 길하고 흉함이 사랑하고 미워함에서 있게 되나니,
사랑하고 미워함이 다하게 되면 곧 길하고 흉하고 괴롭고 즐거움이 다 없어지고
진정과 허위가 쉬게 되면 곧 이익과 손해와 근심과 기쁨이 영원히 끊어질 것이다.
이와 같아야 바야흐로 영원히 근심과 괴로움을 끊고 환희의 즐거움을 출생하게 될 것이다.

鈔

然世之憂喜가 生乎利害下는 上顯釋經文하고 此下는 密取經意니 擧世憂喜하야 況出世樂이라 卽周易繫辭之文을 而倒用之하니 先具出易文하리라 易云호대 剛柔雜居에 而吉凶可見矣라 變動은 以利言이라한대 註云호대 變而通之하야사 以盡利也라하니라 易云호대 吉凶은 以情遷이라한대 註云호대 吉凶無定이라 唯人所動이니 情順乘理하면 以之吉하고 情逆違道하면 以蹈凶이라 故曰호대 吉凶以情遷也라하니라 易云호대 是故로 愛惡相攻하야 而吉凶生焉이라한대 卽今疏에 云호대 吉凶이 存乎愛惡라하니 則愛惡가 是吉凶之因也니라 易云호대 遠近相取하야 而悔悋生하고 情僞相感하야 而利害生이라한대 卽今疏에 云호대 憂喜가 存乎利害하고 利害가 存乎情僞라하니 是則情僞가 爲利害因이라 故註云호대 情以感物하면 則得利하고 僞以感物하면 則致害라하니 則有憂喜니라 故로 利害가 是憂喜之因이라 故上易

에 云호대 遠近相取하야 而悔悋生이라하니 意云호대 相取는 相資也라 順之則喜요 逆之則憂며 順則利也요 逆則害也니라 又次易云호대 凡易之情近이나 而不相得하면 則凶커나 或害之하며 悔커나 且吝이라하니 今爲順易之次第하고 不順疏次하니 但曉易文하면 疏文自了하리라

그러나 세간의 근심과 기쁨이 이익과 손해에서 생겨난다고 한 아래는, 이 위에는 경문을 해석한 것만을 나타내었고, 이 아래는 경문의 뜻을 세밀하게 취한 것이니

세간의 근심과 기쁨을 거론하여 이 경에 괴로움과 즐거움을 비유(比況)한 것이다.

이는 곧 『주역』 계사편[5]의 문장을 거꾸로 인용한 것이니,

먼저 『주역』의 문장을 갖추어 설출하겠다.

『주역』에 말하기를[6] 강(剛)한 것과 부드러운(柔) 것이 함께 기거함에 길하고 흉함을 볼[7] 것이다.

---

5 『주역』 계사편이라고 한 것은 『주역』 계사하전 말미에 있다. 여기 초문에 『주역』이라 한 것은 모두 다 계사하전이다.

6 『주역』에 말하였다고 한 등은, 『주역』의 본의本義에 강剛은 양효陽爻이고 유柔는 음효陰爻이다. 후회하고 인색(悔吝)한 것이란 길·흉을 상대한 것이지만 후회하고 인색한 것이 그 중간에 기거하니 후회(悔)하는 것은 흉한 것으로부터 길한 것으로 뛰어 넘어가는 것이고, 인색(吝)한 것은 길한 것으로부터 흉한 것을 향하여 가는 것이다. 멀고 가까운 것(遠近)이란 사효四爻가 오효五爻에 가까운 것과 같고 이효二爻가 오효五爻에 먼 것과 같다 한 유형이 이것이다 하였다. 이상은 『잡화기』의 말이다.

7 본다(見)고 한 것은 現자로 보아도 된다.

변하여 동요하는 것은 이익으로써 말하는 것이다 한데, 한강백 주註에 말하기를 변동하여 통하여야 이익을 다하는 것이다 하였다.
『주역』에 말하기를 길하고 흉한 것은 감정(情)으로써 변천하는 것이다 한데, 한강백 주註에 말하기를 길하고 흉한 것은 결정할 수 없다.
오직 사람이 행동하는 바이니
감정이 순順하여 천리天理[8]를 타(乘)면 길할 것이고,
감정이 거역하여 도를 어기면 흉함을 밟을 것이다.
그런 까닭으로 말하기를 길하고 흉함은 감정으로써 변천하는 것이다 하였다.
『주역』에 말하기를 이런 까닭으로 사랑하고 미워하는 것이 서로 부딪혀(공격) 길하고 흉함이 생겨난다 한데, 곧 지금의 소문疏文에서 말하기를 길하고 흉함이 사랑하고 미워함에서 있게 된다 하였으니, 곧 사랑하고 미워하는 것이 이것이 길하고 흉함의 원인이 되는 것이다.
『주역』에 말하기를 멀고 가까운 것이[9] 서로 취하여 후회하고 인색함이 생겨나고,
진정과 허위가 서로 감동하여 이익과 손해가 생겨난다 한데, 곧

---

8 천리天理라고 한 것은, 天은 理이고 地는 道이다.

9 멀고 가까운 것이라고 한 등은, 한강백 주에 말하기를 멀고 가까운 육효六爻가 서로서로 도와 취한 뒤에 후회하고 인색함이 있는 것이다 하였다. 공자가 말하기를 길하고 흉하고 후회하고 인색한 것이 감정이 동함에서 생긴다 하였다. 동動은 정情이다. 곧 아래 효표爻表를 보고 멀고 가까운 육효를 생각할 것이다.

지금의 소문에서 말하기를 근심과 기쁨이 이익과 손해에서 있게[10] 되고
이익과 손해가 진정과 허위에서 있게 된다 하였으니,
이것이 곧 진정과 허위가 이익과 손해의 원인이 되는 것이다.
그런 까닭으로 한강백 주註에 말하기를 진정으로 만물을 감동하게 하면 곧 이익을 얻고
거짓으로 만물을 감동하게 하면 곧 손해를 이룬다 하였으니,
곧 근심과 기쁨이 있게 되는 것이다.
그런 까닭으로 이익과 손해가 이 근심과 기쁨의 원인이다.
그런 까닭으로 이 위의 『주역』에[11] 말하기를 멀고 가까운 것이 서로 취하여 후회하고 인색함이[12] 생긴다 하였으니,
그 뜻에 말하기를 서로 취한다고 한 것은 서로 도운다는 뜻이다.
천리를 순하면 곧 기쁠 것이고 거역하면 곧 근심할 것이며,
천리를 순하면 곧 이로울 것이고 거역하면 곧 해로울 것이다.
또 다음 『주역』에[13] 말하기를 무릇 역易의 감정이 가깝지만 서로

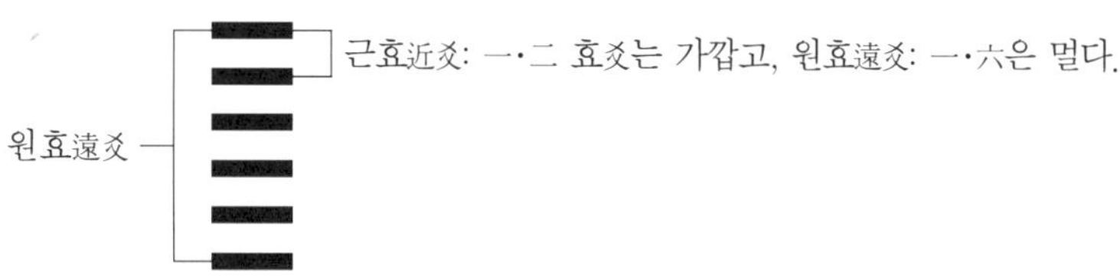


10 존存은 소문에는 생生이니 있게 된다고 번역하였다.

11 이 위의 『주역』이란, 바로 앞에 인용한 진정과 허위가 서로 감동하여 이익과 손해가 생겨난다 한 바로 위에 문장이다.

12 후회(悔)는 흉한 곳으로부터 길한 곳으로 나아가는 것이고, 인색(吝)은 길한 곳으로부터 흉한 곳으로 향해가는 것이다.

감득하지 못하면 곧 흉하거나 혹 해로울 것이며 후회하거나 또한 인색할 것이다 하였으니,
지금에는 『주역』의 차례를 따르고 소문의 차례를 따르지 아니하였으니,
다만 『주역』의 문장만 밝게 알면 소문의 문장은 자연스레 알게 될 것이다.

愛惡盡下는 彰滅吉凶과 憂喜所以이니 易雖無文이나 乃易本意는 卽知無憂無喜하야사 方爲大喜요 無苦無樂하야사 爲眞樂耳니라

사랑하고 미워함이 다하게 되면이라고 한 아래는 길하고 흉하고 근심하고 기뻐함을 소멸하는 까닭을 밝힌 것이니,
『주역』에는 비록 이 문장이 없으나 이에 『주역』의 본의本意는 곧 근심도 없고 기쁨도 없어야 바야흐로 큰 기쁨이 되고,
괴로움도 없고 즐거움도 없어야 참다운 즐거움이 됨을 알게 된다는 것이다.

---

13 또 다음 『주역』이란, 역시 앞에서 말한 진정과 허위가 서로 감동하여 이익과 손해가 생긴다 한 다음 문장이다.

經

華冠乾闥婆王은 得永斷一切衆生의 邪見惑케하는 解脫門하며

화관 건달바왕은 일체중생의 사견邪見의 의혹을 영원히 끊게 하는 해탈문을 얻었으며,

疏

四에 永斷等者는 謂得決定智光하면 則邪惑永斷이라

네 번째 영원히 끊게 한다고 한 등은
말하자면 부처님의 결정한 지혜의 광명을 얻으면
곧 사견의 의혹을 영원히 끊게 되는 것이다.

經

喜步普音乾闥婆王은 得如雲廣布히 普蔭澤一切衆生케하는 解脫門하며

희보보음 건달바왕은 구름이 널리 펼쳐 덮는 것과 같이 일체중생을 널리 덮어 윤택케 하는 해탈문을 얻었으며,

疏

五는 謂慈雲普蔭에 材與不材가 皆涼이요 慧澤廣霑에 三草二木이 咸發이라

다섯 번째는 말하자면 자비의 구름이 널리 덮음에 재목과 더불어 재목 아닌 것이 다 시원한 것이요,
지혜의 못이 널리 적심에 삼초三草와 이목二木[14]이 다 싹을 발하는 것이다.

鈔

慈雲普陰에 材與不材가 皆涼等者는 上句는 依莊子하고 下句는 依法華라 材者는 可爲棟樑과 成器之木也요 不材는 無所堪也라 莊周가 行山이라가 見伐木者가 止其傍而不取하고 周歎曰호대 此木以不材

14 삼초三草와 이목二木은 『법화경』의 약초유품으로 초문에 있다.

일새 得終其天年이라하니라 及還至故人家하니 主人이 將殺雁거늘 豎子曰호대 其一能鳴하고 其一不能鳴하니 請奚殺이닛가 主人曰호대 殺不能鳴者하라하니라 明日에 弟子가 問周曰호대 山中之木은 以不材일새 得終天年하고 主人之雁은 以不材일새 致死하니 先生은 將何處焉이닛고 周笑對曰호대 將處夫材와 與不材之間호리라하니라 然이나 材不材之言은 雖在莊子나 意亦法華니라 第三云호대 我觀一切호니 普皆平等이라 乃至云호대 貴賤上下와 持戒毁戒와 威儀具足과 及不具足과 正見邪見과 利根鈍根에 等雨法雨하야 而無懈倦이라하니 卽材與不材가 皆涼也니라

자비의 구름이 널리 덮음에 재목과 더불어 재목 아닌 것이 다 시원하다고 한 등은, 위의 구절은 『장자莊子』를 의지하였고 아래 구절은 『법화경』을 의지하였다.

재목이라고 한 것은 가히 동량棟梁이 되고 그릇을 이루는 나무가 되는 것이요,

재목이 아니라고 한 것은 감당할 곳이 없는[15] 것이다.

장자(莊周)[16]가 산길을 가다가 나무를 베는 사람이 그 나무 곁에 멈춰 있기만 하고 베지(取) 아니함을 보고 장자가 탄식하여 말하기를, 이 나무는 재목이 아니기에 그곳에서 천 년 동안 마침을 얻었도다 하였다.

---

15 감당할 곳이 없다고 한 것은 쓸모가 없다, 용도가 없다는 것이다.

16 장자(莊周) 운운 이하는 『장자』 산목편山木篇 첫머리에 나오는 말을 축약하여 인용하고 있다. 그러나 북장경은 구체적으로 인용하고 있다.

그리고 산에서 돌아와 친구(故人)[17]의 집에 이르니 주인이 장차 기러기를 잡으려 하거늘, 머슴아이[18]가 말하기를 그 한 놈은 능히 잘 울고 그 한 놈은 능히 잘 울지 못하니 청컨대 어느 놈을 잡을까요. 주인이 말하기를 능히 잘 울지 못하는 놈을 잡아라 하였다.

다음날 제자가 장자에게 물어 말하기를 산중의 나무는[19] 재목이 아니기에 천 년 동안 마침을 얻었고, 주인의 기러기는 재목이 아니기에 즉시에 죽음을 이루었으니 선생님은 장차 어디에 거처하시렵니까.

장자가 웃으며 대답하여 말하기를 장차 재목과 더불어 재목이 아닌 중간에 거처하여 볼 것이다 하였다.

그러나 재목과 재목이 아니라고 한 말은 비록 『장자』에 있기는 하지만 뜻은 또한 『법화경』의 뜻이다.

『법화경』 제삼권에 말하기를 내가 일체를 관찰하니 널리 다 평등하다.

내지 말하기를 귀하고 천한 이와 높고 낮은 이와
계를 지키고 계를 훼손하는 이와
위의를 구족하고, 그리고 구족하지 못한 이와
바른 소견을 가진 이와 삿된 소견을 가진 이와
근기가 영리하고 근기가 둔한 이에게 평등하게 진리의 비를 내려

---

17 故人은 오래 사귄 친구를 말한다.

18 수자豎子는 더벅머리 아이종을 말한다. 豎: 더벅머리 수.

19 산중의 나무라고 한 아래는, 나무는 쓸모없는 나무(不材)라서 영원히 살고, 기러기는 반대로 쓸모없는 놈이라서 단번에 죽었다는 것이다.

게으름이 없이 한다 하였으니,
곧 재목과 더불어 재목이 아닌 것이 다 시원하다 한 것이다.

言三草者는 謂小草中草上草라 二木者는 謂小樹大樹라 以人天乘으로 爲小草하나니 經云호대 或處人天과 轉輪聖王과 釋梵諸王은 是小藥草라하니라 二乘으로 爲中草하나니 經云호대 知無漏法하야 能得涅槃하야 起六神通하며 及得三明하야 獨處山林하야 常行禪定하야 得緣覺證은 是中藥草라하니라 菩薩로 爲上草하나니 經云호대 求世尊處하야 我當作佛이라하야 行精進定은 是上藥草라하니 此通說大乘으로 爲上하니라 以大乘에 登地已上은 慈陰義廣일새 復加二樹하니 七地已前은 爲小樹니 經云호대 又諸佛子가 專心佛道하고 常行慈悲하야 自知作佛하야 決定無疑는 是名小樹라하니라 八地已上은 爲大樹니 經云호대 安住神通하야 轉不退輪하야 度無量億百千衆生하는 如是菩薩은 名爲大樹라하니라 而言咸發者는 經云호대 佛平等說은 如一味雨하고 隨衆生性하야 所受不同은 如彼草木所稟가 各異等이라하니라

삼초三草라고 말한 것은 말하자면 소초小草와 중초中草와 상초上草이다.
이목二木이라고 한 것은 말하자면 소수小樹와 대수大樹이다.
인천승人天乘으로써 소초를 삼나니,
『법화경』에 말하기를[20] 혹 인간과 천상과 전륜성왕과 제석과 범천과 모든 왕 위에 거처하는 이는 소약초小藥草라 하였다.

이승二乘으로 중초를 삼나니,
『법화경』에 말하기를 무루법을 알아 능히 열반을 얻어 육신통을 일으키며 그리고 삼명三明을 얻어 숲속(山林)에 홀로 거처하여 항상 선정을 행하여 연각의 증득함을 얻은 이는 중약초中藥草라 하였다.
보살로 상초를 삼나니,
『법화경』에 말하기를 세존의 처소를 구하여 내가 마땅히 부처를 지을 것이라 하여 정진과 선정을 행하는 이는 상약초上藥草라 하였으니,
이것은 대승으로 최상을 삼는 것을 통상적으로 설한 것이다.
대승에 등지登地 이상은 자비로 덮는 뜻이 넓기에 다시 이수二樹를 더하였으니,
칠지七地 이전은 소수小樹가 되는 것이니,
『법화경』에 말하기를 또 모든 불자가 오로지 마음에[21] 불도를 닦고 항상 자비를 행하여 스스로 부처가 되는 줄 알아 결정코 의심이 없는 이는 이 이름이 소수小樹라 하였다.
팔지八地 이상은 대수大樹가 되는 것이니,
『법화경』에 말하기를 신통에 안주하여[22] 물러나지 않는 법륜을 전轉

---

20 원문에 경운經云은 다 『법화경』 약초유품이니 이 아래 경운經云도 다 그렇다.

21 오로지 마음에(專心)라고 한 등은, 이것은 곧 오히려 팔지의 무공용행無功用行이 아닌 까닭으로 칠지七地 이전에 해당하는 것이라고 『잡화기』는 말하고 있다. 오로지 마음(전심)이라고 한 것은 칠지 이전의 오롯한 마음이다.

22 신통에 안주한다고 한 등은, 이미 스스로 불퇴전의 지위에 거처하고 또 불퇴전의 법륜을 전轉하는 까닭으로 팔지 이상에 해당하는 것이라고 『잡화

하여 한량없는 억 백천[23]의 중생을 제도하는 이와 같은 보살은 이름이 대수大樹가 되는 것이다 하였다.

다 싹을 발한다고 한 것은, 『법화경』에 말하기를 부처님의 평등한 설법은 일미一味의 비와 같고,
중생의 심성을 따라서 받는 바가 같지 않는 것은 저 초목의 품 받는 바가 각각 다른 것과 같다고 한 등이라 하였다.

---

기』는 말하고 있다.

23 억 백천이란, 억의 백천이다. 즉 백천의 억이니 『법화경』에는 백천억이라 하였다.

經

樂搖動美目乾闥婆王은 得現廣大妙好身하야 令一切獲安樂케 하는 解脫門하며

낙요동미목 건달바왕은 광대하고 묘호한 몸을 나타내어 일체중생으로 하여금 안락함을 얻게 하는 해탈문을 얻었으며,

疏

六에 現廣等者는 現身益物也라 稱性普應故로 廣大요 具相清淨故로 妙好니라

여섯 번째 광대하고 묘호한 몸을 나타낸다고 한 등은 몸을 나타내어 중생을 이익케 하는 것이다.
법성에 칭합하여 널리 응하는 까닭으로 광대하다 하고,
구족한 상호가 청정한 까닭으로 묘호妙好하다 한 것이다.

經

妙音師子幢乾闥婆王은 得普散十方의 一切大名稱寶하는 解脫門하며

묘음사자당 건달바왕은 시방에 일체 크게 이름난 보배를 널리 흩는 해탈문을 얻었으며,

疏

七에 佛出說法을 是大名稱이요 佛法衆僧을 俱稱爲寶요 令此遠聞을 義云普散이라하니라

일곱 번째 부처님이 출현하여 설법하는 것을 이것을 크게 이름난 것(大名稱)이라 하고,
부처님과 진리와 중승衆僧을 함께 이름하여 보배(寶)라 하고,
이로 하여금 멀리까지 소문나게 하는 것을 뜻에 널리 흩는다 말하는 것이다.

經

普放寶光明乾闥婆王은 得現一切大歡喜의 光明淸淨身하는 解脫門하며

보방보광명 건달바왕은 일체가 크게 환희하는 광명이 청정한 몸을 나타내는 해탈문을 얻었으며,

疏

八에 現一切等者는 身光普照하야 塵不能染일새 見者必歡하고 智光悅機하야 惑累不生일새 又歡喜也니 故云大喜라하니라

여덟 번째 일체가 크게 환희하는 광명이 청정한 몸을 나타낸다고 한 등은, 몸의 광명이 널리 비추어 진세塵世에 능히 물들지 않게 하기에 보는 사람들이 반드시 환희하고,
지혜의 광명이 중생을 기쁘게 하여 의혹에 얽힌 마음이 생기지 않게 하기에 또한 환희하나니
그런 까닭으로 말하기를 크게 환희한다 하였다.

經

金剛樹華幢乾闥婆王은 得普滋榮一切樹하야 令見者歡喜케하는 解脫門하며

금강수화당 건달바왕은 널리 일체 나무를 번식하고 무성하게 하여 보는 사람으로 하여금 환희케 하는 해탈문을 얻었으며,

疏

九는 法水가 遍滋菩提實行하나니 行旣樹立에 見者必歡하야 無復二乘이요 一切가 皆菩提樹也니라

아홉 번째는 진리의 물이 두루 깨달음의 진실한 행을 번식하나니, 행이 이미 수립樹立됨에 보는 사람이 다 환희하여 다시는 이승二乘이 없고 일체가 다 일승의 보리수[24]뿐인 것이다.

---

24 원문에 보리수라고 한 것은, 곧 일승을 말하는 것이다.

經

普現莊嚴乾闥婆王은 得善入一切佛境界하야 與衆生安樂케하는 解脫門하니라

보현장엄 건달바왕은 일체 부처님의 경계에 잘 들어가서 중생으로 더불어 안락케 하는 해탈문을 얻었습니다.

疏

十에 善入等者는 一多無礙일새 名爲佛境이요 天王智達일새 故云善入이라하니라

열 번째 잘 들어갔다고 한 등은, 하나와 많은 것이 걸림이 없기에 이름을 부처님의 경계라 하고,
천왕이 지혜가 통달하였기에 그런 까닭으로 말하기를 잘 들어간다고 하였다.

經

爾時에 持國乾闥婆王이 承佛威力하야 普觀一切乾闥婆衆하고 而說頌言호대

그때 지국 건달바왕이 부처님의 위신력을 받아 널리 일체 건달바 대중을 관찰하고 게송을 설하여 말하기를,

疏

偈中에도 亦十이라

게송 가운데도 역시 열 게송이 있다.

經

諸佛境界無量門에는　一切衆生莫能入거늘
善逝如空性淸淨하사　普爲世間開正道니이다

如來一一毛孔中에　功德大海皆充滿하야
一切世間咸利樂케하시니 此樹光王所能見이니다

世間廣大憂苦海를　佛能消竭悉無餘는
如來慈愍多方便이시니　淨目於此能深解니이다

十方刹海無有邊거늘　佛以智光咸照耀하야
普使滌除邪惡見케하시니 此樹華王所入門이니다

佛於往昔無量劫에　修習大慈方便行하야
一切世間咸慰安케하시니 此道普音能悟入이니다

모든 부처님의 경계 한량없는 문에는
일체중생이 능히 들어갈 수 없거늘,
선서善逝는 허공과 같이 성품이 청정하여
널리 세간을 위하여 정도正道를 여셨습니다.

여래의 낱낱 털구멍 가운데

공덕의 큰 바다가 다 충만하여
일체 세간을 다 이롭고 안락케 하시니,
이것은 수광 건달바왕이 능히 본 바입니다.

세간에 광대한 근심과 괴로움의 바다를
부처님이 능히 녹여 다하여 모두 남김이 없게 하는 것은
여래의 자비롭고 어여삐 여기는 수많은 방편이시니
정목 건달바왕이 여기에 능히 깊게 알았습니다.

시방의 국토 바다는 끝이 없거늘,
부처님이 지혜의 광명으로써 다 비추어
널리 하여금 사악한 견해를 씻어 제멸케 하시니
이것은 수화[25] 건달바왕이 들어간 바 법문입니다.

부처님이 지난 옛날 한량없는 세월에
큰 자비의 방편행을 닦아 익혀
일체 세간을 다 위로하고 안락케 하시니
이 도는 희보보음 건달바왕이 능히 깨달아 들어갔습니다.

---

25 수화樹華는 열명列名과 장행문에 다 화관華冠 건달바왕이라 하였다. 그러나 지금에 화수라 한 것은 화관이니, 화관은 화수관華樹冠이고 제 아홉 번째 금강수화담 건달바왕이 아니다. 『잡화기』의 말도 이와 같다.

疏

前五는 可知라

앞에 다섯 게송은 가히 알 수가 있을 것이다.

經

佛身淸淨皆樂見하고　能生世間無盡樂하며
解脫因果次第成하시니　美目於斯善開示니이다

부처님의 몸은 청정하여 다 즐겁게 보고
능히 세간에 끝없는 즐거움을 내시며
해탈의 인과를 차례로 성취하시니
낙요동미목 건달바왕이 여기에서 잘 개시하였습니다.

疏

六中에 初句는 現身이요 次一句는 一切로 獲安樂也니라 世間은 卽一切也요 無盡樂은 總顯也니 謂佛現於世하야 足履影覆에 若在人天하면 現增快樂하며 若在下苦하면 七日之中에 身心安樂하며 乃至終獲涅槃之樂일새 故云無盡이라하니라

여섯 번째 게송 가운데 처음 구절은 위에 묘호한 몸을 나타낸다[26]고 한 것이요,
다음에 한 구절은 위에 일체중생으로 하여금 안락을 얻게 한다고 한 것이다.
여기에 세간이라고 한 것은 곧 위에 일체라고 한 것이요,

26 원문에 현신現身은, 위의 장행문에 광대하고 묘호한 몸을 나타낸다고 말했다.

끝없는 즐거움이라고 한 것은 모두를 다 나타낸 것이니,
말하자면 부처님이 세간에 출현하여 발로 밟고 그림자로 덮음에
만약 인천人天에 있으면 현재 쾌락을 더할 것이며,
만약 하고下苦에 있으면[27] 칠일 동안 몸과 마음이 쾌락할 것이며,
내지 마침내 열반의 즐거움을 얻을 것이기에 그런 까닭으로 말하기를 끝이 없다고 하였다.

鈔

足履影覆로 至身心快樂者는 涅槃二十六說호대 如有怖鴿이 至身子影中하야는 猶自戰懼러니 至佛影中하야는 坦然快樂이라하며 世尊履地하야 去地四指나 然이나 當足下蟲이 皆得生天하며 於如來所에 種少善根이라도 如食金剛하야 必至涅槃이라하니라

발로 밟고 그림자로 덮는다고 한 것으로 몸과 마음이 쾌락하다고 한 것에 이르기까지는, 『열반경』 제이십육권에 말하기를[28] 두려움이

27 만약 하고下苦에 있으면이라고 한 등은, 이것은 곧 발로 밟고 그림자로 덮는 이익이니 두려움에 떠는 비둘기와 땅에 벌레가 다 이 하고下苦이다. 이상은 역시 『잡화기』의 말이다. 다시 말하면 조류鳥類와 충류蟲類이다.

28 涅槃二十六卷 云云: 한글대장경 『열반경』 26권, p.511 上段에,
선남자야, 내가 옛날에 한번은 사리불(身子)과 五百弟子들과 마갈타 참파아성에 있었다.
그때 사냥꾼이 비둘기 한 마리를 따라오는데, 그 비둘기가 무서워서 사리불의 그림자에 와서도 파초나무처럼 떨었고, 나의 그림자 속에 와서는 몸과 마음이

있는 비둘기[29]가 신자身子의 그림자 속에 이르러서는 오히려 스스로 떨고 두려워하더니, 부처님의 그림자 속에 이르러서는 편안하게 쾌락한다 하며,

세존이 땅을 밟아 그 땅을 사지四指만큼 지났으나[30] 그러나 응당 발아래 벌레가 다 하늘에 태어남을 얻으며,

여래의 처소에 적은 선근을 심을지라도[31] 금강을 먹은 것과 같아서 반드시 열반에 이르게 될 것이다 하였다.

疏

次句는 別示出世因果之樂이니 先因後果와 先世後出世가 皆次第義라 又總取偈意인댄 佛身淸淨은 是解脫因이요 生無盡樂은

---

편안하여 무서운 마음이 없어졌다. 그러므로 여래는 구경의 계행으로 그림자까지도 이런 힘이 있다 하였다.

세존리지世尊履地 이하는 또 다른 문장으로써 연결되는 문장이 아니다. 따라서 쾌락이라 하며 세존의 토이다.

29 鴿: 비둘기 합 자이다.

30 그 땅을 사지四指만큼 지났다고 한 것은 지난 거리가 사지만큼이라는 뜻이다.

31 여래의 처소에 적은 선근을 심을지라도 운운은 여래출현품 제37의 3에도 이와 유사한 말이 있나니 묘엄품 영자권盈字卷 하권, 영인본 화엄으로는 2책, p.846, 4행에 금강을 먹는 비유를 설명하면서 이미 주석한 바 있다. 즉 불자야 비유하자면 한 장부가 적은 금강金剛을 먹을지라도 끝내 소화가 되지 않고 그 몸을 뚫고 나와 몸 밖에 있나니 운운 저 여래의 처소에 적은 선근을 심는 것도 또한 다시 이와 같아서 일체 유위의 제행諸行 번뇌의 몸을 뚫고 나와 저 무위의 구경 지혜의 처소에 이른다 하였다.

是解脫果니라

다음 구절[32]은 출세간 인과의 즐거움을 따로 보인 것이니, 원인을 먼저 하고 결과를 뒤로 하는 것과 세간을 먼저 하고 출세간을 뒤로 하는 것이 다 차례의 뜻이다.
또 게송의 뜻을 한꺼번에 취한다면 부처님의 몸은 청정하다고 한 것은 이 해탈의 원인(因)이요,
끝없는 즐거움을 낸다고 한 것은 이 해탈의 과보(果)이다.

鈔

又總取偈意等者는 上別配三句竟하고 今總取三句하야 釋因果次第成言이라 乃有五對因果하니 一은 取初句에 上四字하야 爲因하고 第三句에 初二字로 是果니 由佛身淨하야 令衆生解脫故니라 二는 以第三句에 初解脫字로 爲因하고 第二句로 爲果하니 此是如來作用解脫이니 令衆生得樂故니라 上爲一對라

또 게송의 뜻을 한꺼번에 취한다고 한 등은, 이 위에서는 삼구三句를 따로 배속하여 마쳤고, 지금에는 삼구를 한꺼번에 취하여 인과를 차례로 성취한다고 한 말을 해석한 것이다.
이에 오대五對의 인·과가 있나니,[33]

32 다음 구절이란, 제삼구이다.

33 이에 오대五對의 인·과가 있다고 한 것은, 五對도 있고 十對도 있다고 한

첫 번째는 처음 구절에 위에 네 글자[34]를 취하여 원인(因)을 삼고 제 세 번째 구절에 처음에 두 글자[35]로 과보(果)를 삼나니,
부처님의 몸이 청정함을 인유하여 중생으로 하여금 해탈케 하는 까닭이다.
두 번째는 제 세 번째 구절에 처음에 해탈이라는 글자로 원인(因)을 삼고 제 두 번째 구절로 과보(果)를 삼나니,
이것은 이 여래의 작용해탈이니 중생으로 하여금 즐거움을 얻게 하는 까닭이다.
이상은 일대一對가 되는 것이다.

疏

世無盡樂은 又解脫因이요 能現淨身은 又解脫果라

세간에 끝이 없는 즐거움이라고 한 것은 또한 해탈의 원인이요, 능히 청정한 몸을 나타낸다고 한 것은 또한 해탈의 과보이다.

鈔

三에 世無盡樂下는 以第二句로 爲因하고 第三句에 初解脫字로 爲果

---

것은 五對는 疏文에 의거한 까닭이고, 十對는 疏義에 나아가 말한 것이다. 『잡화기』도 이와 같다. 十對는 一對에 因과 果가 있으니 十對이다.

34 위에 네 글자란, 佛·身·淸·淨이다.

35 처음에 두 글자란, 解·脫이다.

니 以世樂은 爲因이요 出世解脫樂은 爲果故라 四는 以第三句에 初解脫字로 爲因하고 第一句에 初四字로 爲果니 佛證離障解脫하야 方能起於大用하야 而現身故니라 上卽第二對라

세 번째 세간에 끝이 없는 즐거움이라고 한 아래는 제 두 번째 구절로써 원인을 삼고 제 세 번째 구절에 처음에 해탈이라는 글자로 과보를 삼나니,
세간의 즐거움은 원인이 되고 출세간의 해탈의 즐거움은 과보가 되는 까닭이다.
네 번째는 제 세 번째 구절에 처음에 해탈이라는 글자로 원인을 삼고 첫 번째 구절에 처음에 네 글자로 과보를 삼나니,
부처님은 장애를 떠난 해탈을 증득하여 바야흐로 능히 큰 작용을 일으켜 몸을 나타내는 까닭이다.
이상은 곧 제 이대二對이다.

疏

又佛身淸淨은 是樂見因이요 樂見은 卽爲淸淨身果라

또 부처님의 몸은 청정하다고 한 것은 이것은 즐겁게 보는 원인이요, 즐겁게 본다고 한 것은 곧 청정한 몸의 과보가 되는 것이다.[36]

36 즐겁게 본다고 한 것은 곧 청정한 몸의 과보가 된다고 한 것은, 즐겁게 보는 것이 청정한 몸의 과보가 되는 것을 말하는 것이 아니다. 그 뜻에

鈔

五에 又佛身清淨下는 唯就初句하야 自分因果니 上四字로 爲因하고 下三字로 爲果라 由佛身清淨하야 令物樂見이나 無有厭足이라 六은 下三字로 爲因하고 上四字로 爲果니 由物樂見하야 自感淨身이라 又衆生이 若樂見인댄 則淨身有果요 若不樂見인댄 則淨身無有果니 卽以利他로 爲果故니라 上卽第三對라

다섯 번째 또 부처님의 몸은 청정하다고 한 아래는 오직 처음 구절에만 나아가 스스로 원인과 과보를 나눈 것이니,
위에 네 글자로 원인을 삼고 아래 세 글자로[37] 과보를 삼는 것이다.
부처님의 몸이 청정함을 인유하여 중생으로 하여금 즐겁게 보게 하지만 싫어하거나 만족함이 없는 것이다.
여섯 번째는 처음 아래 세 글자[38]로 원인을 삼고 위에 네 글자로 과보를 삼나니,
중생이 즐겁게 봄을 인유하여 스스로 청정한 몸을 감득하는 것이다.
또 중생이 만약[39] 즐겁게 보면 곧 청정한 몸이 과보가 있게 되는

---

말하기를 즐겁게 본다고 하였다면 청정한 몸으로써 과보를 삼는 것이니, 아래 끝없는 안락이라고 한 것은 이것은 즐겁게 보는 과보라고 한 것도 이것을 본받아 해석할 것이다. 삼가 글로써 그 뜻을 해치지 말아야 할 것이다. 이상은 『잡화기』의 말이다.

37 위에 네 글자는 불, 신, 청, 정이다. 아래 세 글자는 개, 낙, 견이다.

38 아래 세 글자란, 역시 처음 구절에 개, 낙, 견이다.

39 또 중생이 만약이라고 한 등은, 이 위에는 곧 즐겁게 보는 것이 원인이

것이고, 만약 즐겁게 보지 아니하면 곧 청정한 몸이 과보가 없게 되는 것이니
곧 이타로써 과보를 삼는 까닭이다.
이상은 곧 제 삼대三對이다.

疏

衆生樂見은 是安樂因이요 無盡安樂은 是樂見果라

중생이 즐겁게 본다고 한 것은 이것은 안락의 원인이요,
끝없는 안락이라고 한 것은 이것은 즐겁게 보는 과보이다.

鈔

七에 衆生樂見下는 以初句에 下三字로 爲因하고 第二句로 爲果니 由樂見佛하야 天上人間에 常受安樂이라 八은 以第二句로 爲因하고 初句에 下三字로 爲果니 樂見호대 若得樂인댄 樂見이 卽有果요 樂見호대 若無樂인댄 樂見이 便無果니라 上卽第四對라

일곱 번째 중생이 즐겁게 본다고 한 아래는 처음 구절에 아래 세

---

되는 까닭으로 청정한 몸으로 자리의 과보를 감득하는 것이고, 여기는 곧 저 중생이 즐겁게 봄을 인유하여 청정한 몸으로 하여금 이타의 과보를 얻게 하는 것이니, 이것은 또한 즐겁게 보는 것은 원인이 되고 청정한 몸은 과보가 되는 것이다고 『잡화기』는 말한다.

글자로 원인을 삼고 제 두 번째 구절로 과보를 삼나니,
즐겁게 부처님을 봄을 인유하여 천상과 인간에서 항상 안락을 받는 것이다.
여덟 번째는 제 두 번째 구절로 원인을 삼고 처음 구절에 아래 세 글자로 과보를 삼나니,
즐겁게 보되 만약 즐거움을 얻으면 즐겁게 보는 것이 곧 과보가 있게 되는 것이고,
즐겁게 보되 만약 즐거움이 없으면 즐겁게 보는 것이 문득 과보가 없게 되는 것이다.
이상은 곧 제 사대四對이다.

疏

無盡安樂은 是淨身因이요 能現淨業은 是無盡果라

끝없는 안락이라고 한 것은 이것은 청정한 몸의 원인이요,
능히 청정한 업을 나타낸다고 한 것은 이것은 끝없는 과보이다.

鈔

九에 無盡安樂下는 以第二句의 全으로 爲因하고 以初句에 上四字로 爲果니 由得無盡世樂故로 終得淸淨之身이라 此擧世尊因中에 修行之果하야 勸物亦然이라 十에 能現淨業은 是無盡果者는 卽以第二句中에 下三字로 爲因하고 第一句에 上四字로 爲果니 謂無盡樂은

卽涅槃樂이니 安住涅槃하야 能建大事하야사 方現淨身일새 是故淨身이 是無盡樂果니라 故로 上釋云호대 終獲涅槃으로 爲無盡樂이라하니라 則無盡樂言에 有其二種하니 一은 則出世이니 如上所明이요 二에 連取一句는 卽世無盡樂이니 如純陀施佛은 果報無盡이나 應不成佛故로 約世樂하야 說無盡耳니라

아홉 번째 끝없는 안락이라고 한 아래는 제 두 번째 구절의 전부로 원인을 삼고 처음 구절에 위에 네 글자로 과보를 삼나니,
끝없는 세간의 즐거움을 얻음을 인유한 까닭으로 마침내 청정한 몸을 얻는 것이다.
이것은 세존의 인행 가운데 수행한 과보(果)를 들어 중생들도 또한 그렇게 하기를 권한 것이다.
열 번째 능히 청정한 업을 나타낸다고 한 것은, 이것은 끝없는 과보라고 한 것은 곧 제 두 번째 구절 가운데 아래 세 글자[40]로 원인을 삼고 첫 번째 구절에 위의 네 글자[41]로 과보를 삼나니, 말하자면 끝없는 즐거움이라고 한 것은 곧 열반의 즐거움이니 열반에 안주하여 능히 일대사를 건립하여야 바야흐로 청정한 몸을 나타내기에 이런 까닭으로 청정한 몸이 이 끝없는 즐거움의 과보인 것이다.
그런 까닭으로 위에서 해석하여[42] 말하기를 마침내 열반을 얻음으로

40 아래 세 글자는 무, 진, 락이다.

41 위의 네 글자는 불, 신, 청, 정이다.

42 위에서 해석한 것이라고 한 등은, 영인본 화엄 3책, p.15, 6행에 마침내

끝없는 즐거움을 삼는다 하였다.

곧 끝없는 즐거움이라는 말에 그 두 가지가 있나니,

첫 번째는 곧 출세간의 즐거움이니

위에서 밝힌 바와 같은 것이요,

두 번째 연속하여 일구一句를 취한 것은 곧 세간의 끝없는 즐거움이니 마치 순타純陀가 부처님께 보시한 것은[43] 그 과보가 끝이 없지만 응당 성불할 수 없는 것과 같은 까닭으로 세간의 즐거움을 잡아서 끝이 없음을 설한 것일 뿐이다.[44]

疏

如是展轉因果를 名次第成이라

이와 같이 전전展轉[45]히 한 해탈의 인과를 이름하여 차례로 성취한다 한 것이다.

---

열반의 즐거움을 얻을 것이기에 그런 까닭으로 말하기를 끝이 없다고 한 것을 말한다.

43 원문에 순타보불純陀布佛이란, 순타가 부처님께 보시한 것은 독버섯이다.

44 세간의 즐거움을 잡아서 끝이 없음을 설한 것일 뿐이라고 한 것은 그 공덕의 과보가 세간의 즐거움은 끝이 없을지라도 成佛의 원인은 되지 못한다는 것이다.

45 전전展轉이란, 되풀이, 반복한다는 뜻이다.

鈔

結云호대 如是展轉者는 遞互相成故라

맺어 말하기를 이와 같이 전전히라고 한 것은 번갈아 서로서로 성취하는 까닭이다.

經

衆生迷惑常流轉하야　　愚癡障蓋極堅密거늘
如來爲說廣大法하시니　師子幢王能演暢이니다

중생은 미혹으로 항상 유전하여
어리석음의 번뇌(障蓋)가 지극히 견고하고 세밀하거늘
여래가 그 중생을 위하여 광대한 법을 설하시니
묘음사자당 건달바왕이 능히 연창하였습니다.

疏

七中에 初二句는 寶所濟機라 堅은 謂難壞요 密은 謂無隙이니 間無空處일새 智不得生이라 次句는 正散寶也니라

일곱 번째 게송 가운데 처음에 두 구절은 불보가 제도할 바 중생이다.
견고하다고 한 것은 말하자면 파괴하기 어려운 것이요,
세밀하다고 한 것은 말하자면 틈이 없는 것이니
그 사이[46]가 빈 곳이 없기에 지혜가 생겨남을 얻을 수 없는 것이다.
다음 구절은 바로 법보를 흩는[47] 것이다.

46 간間이란, 번뇌 사이이니, 즉 어리석음의 번뇌(愚痴障蓋) 사이를 말한다.
47 다음 구절은, 제삼구이다. 법보를 흩는다고 한 것은, 곧 여래가 광대한 법을 설하는 것이다.

經

如來普現妙色身호대　無量差別等衆生하야
種種方便照世間하시니　普放寶光如是見이니다

여래가 널리 묘한 색신을 나타내시되
한량없이 차별하길 중생과 같이하여
가지가지 방편으로 세간을 비추시니
보방보광명 건달바왕이 이와 같이 보았습니다.

疏

八中에 結句를 應云普放寶光如是見이라하야는 而云妙音은 譯者之誤니 妙音은 屬前師子幢故니라

여덟 번째 게송 가운데 맺는 구절을 응당 보방보광명[48] 건달바왕이 이와 같이 보았다고 해야 할 것이어늘 그러나 묘음妙音이라고 한 것은 번역자의 오류이니,
묘음은 앞의 일곱 번째 묘음사자당에 속하는 까닭이다.
(지금에는 북장경을 의지하여 바로 고친 것이다.)

48 응당 보방보광명 운운은, 원문에 보방보광여시견普放寶光如是見이라는 말이 고려, 송, 원, 남, 속장경에는 묘음여시관어불妙音如是觀於佛이라 하였으니 틀렸다. 묘음은 제 일곱 번째 게송에 묘음사자당 건달바왕에 속한다는 말이다.

經

大智方便無量門을　　佛爲群生普開闡하사
入勝菩提眞實行하시니　此金剛幢善觀察이니다

큰 지혜의 방편 한량없는 문을
부처님이 중생을 위하여 널리 열어
수승한 깨달음의 진실한 행에 들어가게 하시니,
이것은 금강수화당 건달바왕이 잘 관찰하였습니다.

疏

九中에 初二句는 法水普滋요 次句는 道樹普榮也라 又方便多門은 是開權也요 入菩提行은 是顯實也라 種種方便은 但爲一乘이니 是普滋也라

아홉 번째 게송 가운데 처음에 두 구절은 진리의 물이 널리 깨달음의 행을 번식한 것이요,[49]
다음 구절은 도의 나무가 널리 무성한 것이다.
또 방편의 많은 문이라고 한 것은 이것은 방편(權)을 연 것이요,

---

49 원문에 법수보자法水普滋는, 진리의 물(法水)이 널리 불어난다고만 말하면 문제가 될 수도 있다. 위의 장행문 소疏에 진리의 물이 깨달음의 실행을 널리 번식(法水遍滋菩提實行)한다 하였기에 그렇다. 물론 문장 구성상 그렇게 번역할 수 있기는 하지만…….

깨달음의 행에 들어가게 한다고 한 것은 이것은 진실을 나타낸 것이다.

가지가지 방편[50]이라고 한 것은 다만 일승一乘만을 위한 것이니, 이것은 위에 널리 번식한다는 뜻이다.

50 가지가지 방편이라고 한 것은, 경문에 방편의 한량없는 문이라 한 것이다.

經

一刹那中百千劫을　　佛力能現無所動하고
等以安樂施群生하시니　此樂莊嚴之解脫이니다

한 찰나 가운데 백천 세월을
부처님의 힘으로 능히 나타내지만 움직인 바가 없고,
평등하게 안락으로써 중생에게 베풀어 주시니
이 안락은 보현장엄 건달바왕의 해탈입니다.

疏

十中에 初二句는 佛境也요 次句는 安樂也라 佛力能現無所動者는 遮妄見也니 非促多劫하야 就一刹那며 非展刹那하야 受於多劫이라 本相如故로 名無所動이니 隨應度者하야 佛力令見케하니라

열 번째 게송 가운데 처음에 두 구절은 위에 부처님의 경계라 한 것이요,
다음 구절은 안락이라 한 것이다.

부처님의 힘으로 능히 나타내지만 움직인 바가 없다고 한 것은 허망한 소견을 막는[51] 것이니,

51 허망한 소견을 막는다고 한 것은, 찰나간에 나타낸다는 말은 말도 안 된다는

수많은 세월(多劫)을 축소하여 한 찰나에 나아간 것도 아니며
한 찰나를 펴서 수많은 세월을 받은 것도 아니다.
본래의 모습이 여여한 까닭으로 이름을 움직인 바가 없다고 한 것이니,
응당 제도할 사람을 따라서 부처님의 힘으로 하여금 보게 하는 것이다.

---

것을 막는다는 뜻이다.

經

復次 增長鳩槃茶王은 得滅一切怨害力하는 解脫門하며

다시 증장 구반다왕[52]은 일체 원수들의 해치는 힘을 소멸하는 해탈문을 얻었으며,

疏

第二는 鳩槃茶王이라 長行十法中에 初卽南方天王이니 謂內惑外讐가 皆名怨害이니 安住忍力하야 並能伏之니라

제 두 번째는 구반다왕이다.
장행문 십법 가운데 처음에는 곧 남방천왕이니
말하자면 안으로의 번뇌(惑)와 밖으로의 원수가 다 이름이 원수의 해침이니,
인욕의 힘에 안주하여 아울러 능히 그 원수의 해침을 조복해야 할 것이다.

52 증장 구반다왕 이하는 제 일곱 번째 수순중생회향에 속한다.

經

龍主鳩槃荼王은 得修習無邊行門海하는 解脫門하며

용주 구반다왕은 끝없는 행문의 바다를 닦아 익히는 해탈문을 얻었으며,

疏

二에 修習等者는 二利之行이 趣果曰門이요 深廣難窮을 名無邊海니라

두 번째 닦아 익힌다고 한 등은 자리이타의 행이 과보(果)에 나아가는 것을 문門이라 말하고,
깊고도 넓어 다하기 어려운 것을 끝없는 바다라 이름하는 것이다.

經

莊嚴幢鳩槃茶王은 得知一切衆生의 心所樂하는 解脫門하며

장엄당 구반다왕은 일체중생이 마음에 좋아하는 바를 아는 해탈문을 얻었으며,

疏

三은 知其現欲하야 如應化伏이라

세 번째는 그 중생들이 현재에 좋아하여 욕망하는(樂欲) 바를 알아 응하는 것과 같이 교화하여 조복하는 것이다.

經

饒益行鳩槃茶王은 得普成就清淨大光明으로 所作業케하는 解脫門하며

요익행 구반다왕은 청정한 대광명으로 지은 바 업을 널리 성취케 하는 해탈문을 얻었으며,

疏

四에 普成就等者는 鈍識者엔 現之以通하고 利智者엔 示之以法호대 遍世多劫일새 名普成就요 並如虛空일새 故云清淨이라 俱能照世는 卽是光明이요 三輪化生은 是所作業이라

네 번째 널리 성취케 한다고 한 등은, 둔식鈍識한 사람[53]에게는 신통으로써 나타내고[54] 영리하고 지혜로운 사람에게는 법으로써 보이되 세간에 두루하여 수많은 세월(多劫)토록 하기에 널리 성취케 한다고 이름하는 것이요.

아울러 허공과 같기에 그런 까닭으로 청정하다 말하는 것이다. 함께 능히 세간을 비추는 것은 곧 이것은 광명이라 말하는 것이요,

---

53 둔식鈍識한 사람이라고 한 것은, 우둔하고 무식한 사람이다.

54 신통으로써 나타낸다고 한 등은, 이것은 그 삼륜三輪으로 중생을 교화하는 일이라고 『잡화기』는 말한다.

삼륜三輪으로 중생을 교화하는 것은 이것은 지은 바 업이라 말하는 것이다.

經

可怖畏鳩槃茶王은 得開示一切衆生에 安隱無畏道하는 解脫門하며

가포외 구반다왕은 일체중생에게 안은하고 두려움이 없는 도를 열어 보이는 해탈문을 얻었으며,

疏

五는 世間惑苦는 可畏不安이요 菩提涅槃은 安隱無畏니 萬行으로 爲其因道하면 則畏滅果成矣리라

다섯 번째는 세간의 미혹한 고통은 가히 두려워서 안은하지 않는 것이요,
보리 열반은 안은하여 두려움이 없는 것이니,
만행으로 그 원인(因)의 도를 삼게 되면 곧 두려움은 사라지고 열반의 과보(果)를 성취하게 될 것이다.

經

妙莊嚴鳩槃茶王은 得消竭一切衆生의 愛欲海하는 解脫門하며

묘장엄 구반다왕은 일체중생의 애욕의 바다를 말려 다하는 해탈문을 얻었으며,

疏

六에 消竭等者는 愛欲漂流호대 深廣如海하나니 智日赫照하면 則妄竭眞明하리라

여섯 번째 말려 다한다고 한 등은, 애욕의 바다에 표류하되
깊고도 넓은 것이 바다와 같나니,
지혜의 태양이 밝게 비치면
곧 허망(妄)은 다하고 진실(眞)만 밝게 빛날 것이다.

經

高峯慧鳩槃茶王은 得普現諸趣에 光明雲하는 解脫門하며

고봉혜 구반다왕은 제취諸趣에 광명의 구름을 널리 나타내는 해탈문을 얻었으며,

疏

七은 謂於諸趣에 普現身雲하야 耀通明等之光也니라

일곱 번째는 말하자면 저 제취에
널리 몸의 구름을 나타내어
십통, 십명 등의 광명을 비추는 것이다.

經

勇健臂鳩槃荼王은 得普放光明하야 滅如山重障케하는 解脫門하며

용건비 구반다왕은 널리 광명을 놓아 산과 같이 무거운 장애를 소멸케 하는 해탈문을 얻었으며,

疏

八에 普放等者는 身智光明으로 遣除二障이라

여덟 번째 광명을 널리 놓는다고 한 등은
신身·지智의 두 광명으로
두 가지 장애(二障)를 보내어 제멸케 하는 것이다.

經

無邊淨華眼鳩槃茶王은 得開示不退轉의 大悲藏하는 解脫門하며

무변정화안 구반다왕은 물러나지 않는 대비의 창고를 열어 보이는 해탈문을 얻었으며,

疏

九는 多劫修悲하야 究竟滅苦일새 爲不退轉이요 悲多方便일새 故復名藏이요 爲安衆生일새 所以開示니라

아홉 번째는 수많은 세월에 대비를 닦아 구경에 고통을 제멸하기에 물러나지 않는다 하고,
대비가 방편이 많기에 그런 까닭으로 다시 창고라 이름하고,
중생을 안은하게 하기에 그런 까닭으로 열어 보인다고 한 것이다.

經

廣大面鳩槃茶王은 得普現諸趣에 流轉身하는 解脫門하니라

광대면 구반다왕은 제취에 유전하는 몸을 널리 나타내는 해탈문을 얻었습니다.

疏

十에 普現等者는 稱性神通으로 無來去而流轉이라

열 번째 널리 나타낸다고 한 등은
법성에 칭합한 신통으로
오고 감이 없지만 그러나 유전[55]하는 것이다.

55 유전이라고 한 것은, 곧 오고 가는 것이다.

經

爾時에 增長鳩槃茶王이 承佛威力하야 普觀一切鳩槃茶衆하고 而說頌言호대

成就忍力世導師가　　爲物修行無量劫하사
永離世間憍慢惑일새　　是故其身最嚴淨이니다

그때 증장 구반다왕이 부처님의 위신력을 받아 널리 일체 구반다 대중을 관찰하고 게송을 설하여 말하기를,

인욕의 힘으로 성취한 세간의 도사가
중생을 위하여 한량없는 세월토록 수행하여
영원히 세간에 교만의 미혹을 떠났기에
이런 까닭으로 그 몸이 가장 청정하십니다.

疏

偈中에 初偈는 通顯이니 明佛已滅怨이라 怨之大者는 莫越憍慢이니 有之則卑陋하고 滅之則端嚴이라

게송 가운데 처음 게송은 통틀어 나타낸 것이니
부처님이 이미 원수를 제멸하신 것을 밝힌 것이다.
원수의 가장 큰 것은 교만을 넘는 것이 없나니

그 교만이 있으면 곧 비루卑陋[56]하고,

그 교만이 사라지면 곧 단엄한 것이다.

56 비루卑陋라고 한 것은, 비천하고 더럽다는 것이다.

經

佛昔普修諸行海하사　教化十方無量衆하시며
種種方便利群生케하시니　此解脫門龍主得이니다

佛以大智救衆生하사대　莫不明了知其心하사
種種自在而調伏하시니　嚴幢見此生歡喜이니다

神通應現如光影하고　法輪眞實同虛空하야
如是處世無央劫하시니　此饒益王之所證이니다

衆生癡翳常蒙惑거늘　佛光照現安隱道하사
爲作救護令除苦하시니　可畏能觀此法門이니다

부처님이 옛날에 모든 행의 바다를 널리 닦아
시방의 한량없는 중생을 교화하시며,
가지가지 방편으로 중생을 이익케 하시니
이 해탈문은 용주 구반다왕이 얻었습니다.

부처님이 큰 지혜로써 중생을 구제하시되
그 마음을 분명하게 알지 아니함이 없어서,
가지가지로 자재롭게 조복하시니
장엄당 구반다왕이 이것을 보고 환희심을 내었습니다.

신통으로 응하여 나타내는 것이 마치 빛의 그림자와 같고
법륜의 진실한 것이 허공과 같아서
이와 같이 세간에 거처하기를 다함없는 세월토록 하시니
이것은 요익행 구반다왕이 증득한 바입니다.

중생이 어리석음에 가려 항상 의혹을 입거늘
부처님이 광명으로 안은한 도를 비추어 나타내어,
구호를 지어 하여금 고통을 제멸케 하시니
가포외 구반다왕이 능히 이 법문을 관찰하였습니다.

疏

次에 四偈는 可知라

다음에 네 게송은 가히 알 수가 있을 것이다.

經

欲海漂淪具衆苦어늘 智光普照滅無餘하시고
旣除苦已爲說法하시니 此妙莊嚴之所悟니이다

애욕의 바다에 빠져 수많은 고통을 갖추어 받거늘
지혜의 광명으로 널리 비추어 남김없이 제멸하시고
이미 고통을 제멸하여 마침에 법을 설하시니
이것은 묘장엄 구반다왕이 깨달은 바입니다.

疏

六中에 初句는 欲海니 欲爲苦本일새 云具衆苦라하니라 次二句는 消竭이니 旣欲惡止에 當說善行이니다

여섯 번째 게송 가운데 처음 구절은 위에 애욕의 바다라고 한 것이니, 애욕이 고통의 근본이 되기에 수많은 고통을 갖추어 받는다고 말한 것이다.
다음에 두 구절은 위에 말려 다한다고 한 것이니,
이미 애욕의 악행이 그침에 마땅히 선행을 설하는 것이다.

鈔

欲爲苦本者는 法華云호대 諸苦所因은 貪欲爲本이라하니라

애욕이 고통의 근본이 된다고 한 것은, 『법화경』에 말하기를[57] 모든 고통에 원인이 되는 바는 탐욕이 그 근본이 된다 하였다.

57 『법화경』 운운은 『법화경』 제이권에 있는 말이니, 탐욕이 근본이 된다고 한 말 다음에 만약 탐욕을 제멸하면 의지하는 바가 없어서 모든 고통을 제멸하여 다할 것이다(약멸탐욕若滅貪欲하면 / 무소의지無所依止하야 / 멸진제고滅盡諸苦하리라)는 말이 더 있다.

經

佛身普應無不見하고　種種方便化群生하사대
音如雷震雨法雨하시니　如是法門高慧入이니다

부처님이 몸을 널리 응하여 보지 않는 이가 없게 하고
가지가지 방편으로 중생을 교화하시되
음성을 우레의 진동소리와 같이 하여 진리의 비를 내리시니
이와 같은 법문에는 고봉혜 구반다왕이 들어갔습니다.

疏

七中에 初句는 普現身雲이요 次句는 明等電光이니 故云種種이라 하니라 次句는 兼明雷雨니 雷有二義라 一은 遠震이요 二는 發生이니 謂蟄蟲發動하며 草木發萌이라 圓音之雷는 可以思準이라

일곱 번째 게송 가운데 처음 구절은 위에[58] 널리 몸의 구름을 나타낸다고 한 것이요,
다음 구절은 위에 십명 등 광명(電光)이라고 한 것이니
그런 까닭으로 말하기를 가지가지라고 하였다.
다음 구절은 우레와 비를 겸하여 밝힌 것이니
우레에 두 가지 뜻이 있다.

58 상上이란, 위에 장행문의 소문이다.

첫 번째는 멀리까지 진동한다는 뜻이요,
두 번째는 발생한다는 뜻이니,
말하자면 숨어 있던 벌레가 일어나 움직이며 초목이 싹을 내는[59] 것이다.
원만한 음성의 우레는 가히 생각하여 기준할 것이다.

鈔

次句는 明等電光者는 下經云호대 通明無畏로 以爲電光이라하니 謂十通十明과 十無畏等을 皆稱電光일새 故云方便이라하니라 圓音之雷는 可以思準者는 謂雷震百里어니와 今周法界니라 二에 發生은 示標니 云何爲發고 耽著禪味라가 起大功用이 是蟄蟲發動이라 云何爲生고 令諸衆生으로 善根萌芽가 未生令生케하니라

다음 구절은 위에 십명 등 광명(電光)이라고 한 것은, 아래의 경[60]에 말하기를 십통通과 십명明과 십무외無畏로 광명(電光)을 삼는다 하였으니,
말하자면 십통과 십명과 십무외 등을 다 광명(電光)이라 부르기에 그런 까닭으로 말하기를 방편이라 한 것이다.

---

59 원문에 발동發動이라고 한 것은 發자를 해석한 것이고, 발명發萌이라고 한 것은 生자를 해석한 것이다.

60 아래의 경이란, 이세간품과 십통품 등이다.

원만한 음성의 우레는 가히 생각하여 기준할 것이라고 한 것은, 말하자면 우레는 백리까지만 진동하거니와 지금에 원만한 음성은 법계까지 두루하는 것이다.

두 번째 발생[61]한다고 한 것은 이것은 한꺼번에 표한 것이니 어떤 것을 발發이라 하는가.

선정의 맛에 탐착하였다가 큰 공용功用을 일으키는 것이 이것이 숨어 있던 벌레가 일어나 움직이는 것과 같다.

어떤 것을 생生이라 하는가.

모든 중생으로 하여금 선근의 싹이 아직 나지 아니한 것을 하여금 나게 하는 것이다.

61 두 번째 발생 운운은, 소문을 기준한다면 응당 바로 앞에 원만한 음성의 우레라 한 앞으로 가야 한다.

經

淸淨光明不唐發일새 若遇必令消重障케하고
演佛功德無有邊케하나니 勇臂能明此深理이니다

爲欲安樂諸衆生하야 修習大悲無量劫하사
種種方便除衆苦하시니 如是淨華之所見이니다

神通自在不思議일새 其身普現遍十方이나
而於一切無來去시니 此廣面王心所了이니다

청정한 광명은 헛되이 일어나지 않기에
만약 만나기만 하면 반드시 하여금 무거운 장애를 소멸케 하고
부처님의 공덕을 끝없이 연설케 하나니
용건비 구반다왕이 능히 이 깊은 도리를 밝혔습니다.

모든 중생을 안락케 하고자 하기 위하여
대비를 한량없는 세월토록 닦아 익혀
가지가지 방편으로 수많은 고통을 제멸하시니
이와 같은 것은 무변정화안 구반다왕이 본 바입니다.

신통이 자재하여 사의할 수 없기에
그 몸을 널리 나타내어 시방에 두루하시지만

그러나 일체 처소에 온 적도 간 적도 없으시니
이것은 광대면 구반다왕이 마음에 요달한 바입니다.

疏

餘三은 可知라

나머지 세 게송은 가히 알 수가 있을 것이다.

經

復次 毘樓博叉龍王은 得消滅一切諸龍趣의 熾然苦케하는 解脫門하며

다시 비루박차[62] 용왕은 일체 모든 용들의 갈래(龍趣)에 치연熾然한 고통을 소멸케 하는 해탈문을 얻었으며,

疏

第三은 龍王衆이라 準偈及梵本인댄 皆有十一하니 長行에 脫第五하야 但有十法거니와 今長行엔 十一法이라 初一은 卽西方天王이니 法門과 及第二는 如偈當釋하리라

제 세 번째는 용왕 대중이다.
게송과 그리고 범본을 기준한다면 다 열한 가지 법문이 있나니,[63] 장행에 제 다섯 번째 법문이 빠져서 다만 열 가지 법문만 있거니와, 지금의 장행에는 열한 가지 법문을 다 두었다.
처음에 하나는 곧 서방천왕이니

62 비루박차 이하는 제 여섯 번째 입일체평등회향入一切平等回向에 속한다. 취趣는 세계, 길이라고 해도 무방하다.

63 다 열한 가지 법문이 있다고 한 아래에 금장경에는 전제일권前第一卷이라는 말이 있으나 없는 것이 좋다. 따라서 제외한다.

첫 번째 법문과 그리고 제 두 번째 법문은 게송과 같이 마땅히 해석할 것이다.

經

娑竭羅龍王은 得一念中에 轉自龍形하야 示現無量衆生身하는 解脫門하며

사갈라 용왕은 한 생각 가운데 스스로 용의 형상을 전변하여 한량없는 중생의 몸을 시현하는 해탈문을 얻었으며,

雲音幢龍王은 得於一切諸有趣中에 以淸淨音으로 說佛無邊名號海하는 解脫門하며

운음당 용왕은 일체 제유諸有의 갈래 가운데 청정한 음성으로 부처님의 끝없는 명호의 바다를 설하는 해탈문을 얻었으며,

疏

三은 與偈文으로 通有六義하니 一에 諸趣는 是化處요 二에 淨音은 是化具요 三에 佛名은 是化法이요 四에 神通은 是化本이요 五에 衆生은 是化機요 六에 隨樂은 是化意라

세 번째는 게송의 문장으로 더불어 모두 여섯 가지 뜻이 있나니
첫 번째 모든 갈래는 이에 교화할 처소요,
두 번째 청정한 음성은 이에 교화할 기구요,
세 번째 부처님의 명호는 이에 교화할 법이요,

네 번째 신통은 이에 교화할 근본이요,

다섯 번째 중생은 이에 교화할 근기요,

여섯 번째 따라 좋아하는 것은 이에 교화하는 뜻이다.

經

焰口龍王은 得普現無邊佛世界하야 建立差別하는 解脫門하며

염구 용왕은 끝없는 부처님의 세계를 널리 나타내어 건립을 차별하게 하는 해탈문을 얻었으며,

疏

四에 普現等者는 謂一毛에 普現無邊依正이니 以毛稱性하야 能廣容故라 廣容卽是普遍이니 故能現之佛이 還自住於毛孔의 所現剎中이나 能所無雜하며 依正區分하며 大小宛然일새 名建立差別이라하니라

네 번째 널리 나타낸다고 한 등은, 말하자면 한 털구멍에 끝없는 의보와 정보를 널리 나타내는 것이니
한 털끝이 법성에 칭합하여 능히 널리 용납하는 까닭이다.
널리 용납하는 것이 곧 널리 두루하는 것이니
그런 까닭으로 능히 나타내는 부처님이 도리어 스스로 저 털구멍에서 나타낸 바 국토 가운데 머무시지만 능·소가 섞임이 없으며 의보와 정보가 구분되며 대·소가 완연하기에 건립을 차별하게 한다고 이름한 것이다.

經

焰龍王은 得一切衆生의 瞋癡蓋纏을 如來慈愍하야 令除滅케하는 解脫門하며

염 용왕은 일체중생의 성냄과 어리석음의 번뇌(蓋纏)를 여래가 자비로 어여삐 여겨 하여금 제멸케 하는 해탈문을 얻었으며,

疏

五는 靜法云호대 準梵本인댄 有焰龍王은 得一切衆生의 瞋癡蓋纏을 如來慈愍하야 令除滅케하는 解脫門이라하니 謂大慈居懷면 則三毒俱滅하리라

다섯 번째는 정법靜法스님이 말하기를[64] 범본을 기준하건대 염 용왕은 일체중생의 성냄과 어리석음의 번뇌[65]를 여래가 자비로 어여삐 여겨 하여금 제멸케 하는 해탈문이라고 하는 것이 있다고 하였으니, 말하자면 큰 자비가 마음에 있으면 곧 삼독이 함께 제멸되는 것이다.

---

64 다섯 번째는 정법靜法스님 운운은, 앞에서 장행에 제 다섯 번째 법문이 빠졌으나 지금에는 보충하여 열한 가지를 다 두었다 하였으니 정법스님의 말을 의지하여 둔 것이라 하겠다. 그러나 정법은 스승 현수스님을 의지하여 말한 것이다. 영인본 화엄 3책, p.55, 2행에도 유사한 예가 있으니 참고하라.

65 개전蓋纏이란, 개蓋는 오개·십개라 하고, 전纏은 십전이라 하나 통칭 번뇌라 한다.

經

雲幢龍王은 得開示一切衆生이 大喜樂福德海하는 解脫門하며

운당 용왕은 일체중생이 크게 기뻐하고 즐거워하는 복덕의 바다를 열어 보이는 해탈문을 얻었으며,

疏

六에 開示等者는 佛大慈悲가 是福德海니 二資糧滿한 然後得故라 衆生慈福은 卽是百川이요 佛毛示現은 以表同體라 旣知同體인댄 自然朝宗이니 因示悟入일새 故得大喜樂이니라

여섯 번째 열어 보인다고 한 등은 부처님의 큰 자비가 복덕의 바다이니,
두 가지 자량資糧[66]이 가득한 연후에 얻는 까닭이다.
중생의 자비 복덕은 곧 백천百川이요,
부처님의 털구멍에서 보여 나타낸 것은 동체同體를 표한 것이다.
이미 동체인 줄 알았다면 자연히 조종祖宗할 것이니,
개시開示함을 인하여 오입悟入하기에 그런 까닭으로 크게 기뻐하고 즐거워함을 얻는 것이다.

66 두 가지 자량資糧이란, 복과 덕이다.

鈔

自然朝宗者는 謂百川趣海가 如萬國歸朝이니 禮云호대 春見曰朝요 夏見曰宗이라하니라

자연히 조종한다고 한 것은 말하자면 백천의 물이 바다로 나아가는 것이 마치 만 나라(萬國)가 돌아와 조종하는 것과 같나니, 『예기』에 말하기를 봄에 뵙는 것은 조朝라 말하고, 여름에 뵙는 것을 종宗이라 말한다[67] 하였다.

67 여름에 뵙는 것을 종宗이라 말한다 한 아래에 『예기(주례周禮)』에는 가을에 뵙는 것을 관覲이라 말하고, 겨울에 뵙는 것을 우遇라 말한다(추견왈관秋見曰覲이요 동견왈우冬見曰遇라)는 말이 더 있다.

經

德叉迦龍王은 得以清淨救護音으로 滅除一切怖畏케하는 解脫門하며

덕차가 용왕은 청정하게 구호하는 음성으로써 일체 두려움을 멸제케 하는 해탈문을 얻었으며,

疏

七은 慈音智俱일새 故云清淨이라하니라 淨無貪愛거니 何畏何憂리요

일곱 번째는 자비의 음성과 지혜가 함께하기에 그런 까닭으로 말하기를 청정이라 한 것이다.
청정하여 탐욕과 애욕이 없거니[68] 무엇을 두려워하고 무엇을 근심하겠는가.

---

68 청정하여 탐욕과 애욕이 없다고 한 등은, 탐욕과 애욕이 이 다섯 가지 두려움(五怖)의 원인이 되는 까닭이니 출자권出字卷 92장을 볼 것이다. 역시 『잡화기』의 말이다. 다섯 가지 두려움이란, 불활不活, 악명惡名, 사死, 악도惡道, 대중위덕大衆威德의 두려움이다.

經

無邊步龍王은 得示現一切佛色身과 及住劫次第하는 解脫門하며

무변보 용왕은 일체 부처님의 색신과 그리고 머무시는 세월의 차례를 시현하는 해탈문을 얻었으며,

疏

八에 示現等者는 謂於身中에 現身土也라

여덟 번째 시현한다고 한 등은
말하자면 부처님의 몸 가운데
삼세 여래의 색신과 국토장엄 세월(劫)[69]의 차례를 나타낸 것이다.

---

69 원문에 신토身土라 한 신身은 경문에 일체 부처님의 색신이라 한 것이니, 즉 삼세 여래의 색신이다. 그리고 토土라고 한 것은 경문에 머무시는 세월(住劫)이라 한 것이니, 즉 삼세 여래가 장엄국토에 머무시는 시간(세월)을 말하는 것이다.

經

清淨色速疾龍王은 得出生一切衆生이 大愛樂歡喜海하는 解脫門하며

청정색속질 용왕은 일체중생이 크게 좋아하고 환희하는 바다를 출생하는 해탈문을 얻었으며,

疏

九는 觀佛昔行深廣일새 故愛樂歡喜라 海言은 通二니 謂歡喜와 供養이라

아홉 번째는 부처님이 옛날에 수행하심이 깊고도 넓은 줄 관찰하였기에 그런 까닭으로 좋아하고 환희하는 것이다.
바다라고 말한 것은[70] 두 가지에 통하나니
말하자면 환희와 공양이다.

---

70 바다라고 말한 것은 두 가지에 통한다고 한 것은, 환희하는 바다라고 말한즉 중생이 지금에 좋아하는 것이 깊고 넓은 것이니 이것은 장행문을 의거한 것이요, 공양하는 바다인즉 부처님이 옛날에 수행한 것이 깊고 넓은 것이니 이것은 게송문을 의거한 것이다. 이상은 역시 『잡화기』의 말이나, 공양해供養海라 한 것은 엄격히 말하면 게송문에 공양일체제불해供養一切諸佛海라 한 것으로 모든 부처님 바다에 공양한다고 해석해야 할 것이다. 그러나 편리상 환희하는 바다라 하니 공양하는 바다라고 해석한 것이니, 착오하지 말 것이다.

經

普行大音龍王은 得示現一切平等과 悅意無礙音하는 解脫門하며

보행대음 용왕은 일체 음성과 평등한 음성과 마음을 기쁘게 하는 음성과 걸림이 없는 음성을 시현하는 해탈문을 얻었으며,

疏

十에 示現等者는 謂爲衆演音일새 故云示現이라하니라 音에 有四義하니 一은 類多謂一切요 二는 普遍謂平等이요 三은 稱根淸雅일새 故云悅意요 四는 一音隨類일새 故云無礙니 無礙卽方便也니라

열 번째 시현한다고 한 등은, 말하자면 중생을 위하여 법음法音을 연설하기에 그런 까닭으로 시현이라 말한 것이다.
음성에 네 가지 뜻이 있나니
첫 번째는 유형이 많기에 일체라 말한 것이요,
두 번째는 널리 두루하기에 평등이라 말한 것이요,
세 번째는 근기에 맞게 청아한 음성을 내기에 그런 까닭으로 마음을 기쁘게 한다 말한 것이요,
네 번째는 한 음성이 유형을 따르기에 그런 까닭으로 걸림이 없다 말한 것이니,
걸림이 없다는 것은 곧 방편이다.

經

無熱惱龍王은 得以大悲普覆雲으로 滅一切世間苦하는 解脫門하니라

무열뇌 용왕은 큰 자비의 널리 덮는 구름으로써 일체 세간의 고통을 멸제하는 해탈문을 얻었습니다.

疏

十一은 謂此無熱龍이 住清涼池하야 出香美水하야 流注四海하야 導引百川하고 時布慈雲하야 降澍甘澤할새 是故로 能滅諸世間苦라하니라

열한 번째는 말하자면 이 무열뇌 용왕이 청량한 못에 머물러 좋은 향수를 내어 사해四海에 흘러내려 백천에까지 인도하고, 그때에 자비의 구름을 펴 감로의 비를 내려[71] 적시기에 이런 까닭으로 능히 모든 세간의 고통을 멸제한다 한 것이다.

---

71 澍는 적실 주, 澤은 우로雨露 택이니, 엄격하게는 이슬과 비를 말한다. 혹 이슬비라고도 말할 수 있다.

經

爾時에 毘樓博叉龍王이 承佛威力하야 普觀一切諸龍衆已하고 卽說頌言호대

汝觀如來法常爾하라　一切衆生咸利益하며
能以大慈哀愍力으로　拔彼畏塗淪墜者이니다

그때 비루박차 용왕이 부처님의 위신력을 받아 널리 일체 모든 용의 대중을 관찰하여 마치고 곧 게송을 설하여 말하기를,

그대들은 여래의 법이 항상 그러한 줄 관찰하세요.
일체중생을 다 이익케 하시며
능히 큰 자비로 어여삐 여기시는 힘으로써
저 두려운 길에 빠진 사람들을 빼내어 주십니다.

疏

偈有十一이라 初中諸龍은 有四熱惱하니 名熾然苦라 今並有治하니 一은 金翅所食苦니 初句로 爲治니 以觀佛法하야 同三歸故라 二는 行欲時에 復本身苦요 三은 鱗甲細蟲苦니 並第二句로 爲治니 學佛等利故라 四는 熱砂著身苦니 後二句로 爲治니 以不堪蟲癢하야 熱砂中驟거늘 今大悲哀愍일새 故能治之니라 有說호대 四苦에 無鱗甲細蟲하고 而有風吹寶衣에 露身之苦라하니 亦以第二

句로 治之며 就龍하야 且說龍趣니라 末句는 約佛하야 通拔畏塗니라

게송에 열한 게송이 있다.

처음 게송 가운데 모든 용들은 네 가지 열뇌[72]가 있나니
이름이 치연한 고통이다.
지금에는 아울러 다스리는 방법이 있나니,
첫 번째는 금시조에게 먹히는 바 고통이니
처음 구절로 다스리는 것이니 불법을 관찰하여 다 삼보에 귀의하게 하는 까닭이다.
두 번째는 욕정을 행할 때 본신本身을 회복하는 고통이요,
세 번째는 비늘에 작은 벌레로 고통스러운 것이니
아울러 제 두 번째 구절로 다스리는 것이니 불법을 배워 똑같이 이익케 하는 까닭이다.
네 번째는 뜨거운 모래가 몸에 붙는 고통이니
뒤에 두 구절로 다스리는 것이니 벌레의 가려움[73]을 감당하지 못하여 뜨거운 모래 가운데 구르거늘,[74] 지금에 큰 자비로 어여삐 여기기에 그런 까닭으로 능히 다스리는 것이다.
어떤 사람[75]이 말하기를 네 가지 고통에 비늘에 작은 벌레로 고통스러움은 없고, 바람이 보배 옷을 불어 날림에 몸이 드러나는 고통이

---

72 네 가지 열뇌는 영인본 화엄 2책, p.651, 2행으로 참조할 것이다.

73 癢: 가려울 양이다.

74 驏: 구를 전이니, 본래 뜻은 말이 땅에 구른다는 뜻이다.

75 어떤 사람이란, 『간정기』 원공이다.

있다 하였으니

역시 제 두 번째 구절로써 다스린 것이며,

용에 나아가서 또한 용의 갈래를 설한 것이다.

마지막 구절(末句)[76]은 부처님을 잡아 두려운 길에서 빼내어 주는 것을 통석通釋한 것이다.

鈔

諸龍은 皆有四種熱惱者는 經論不同이라 然이나 謗佛經說호대 如阿那婆達多龍王은 三種過患을 皆悉遠離니 一者는 熱砂不墮其頭요 二者는 不以蛇身行欲이요 三者는 無有迦樓羅鳥之畏라하니 彼喩發菩提心하야 離三界惡이라 然이나 會之亦同하니라 無鱗甲細蟲하고 而有風吹者는 由有細蟲일새 故驟熱沙하나니 此二則同이라 其風吹寶衣露身은 卽現復本身之恥이니 所以로 互有開合하니라

---

76 마지막 구절(末句)은 부처님을 잡았다고 한 등은, 진실인즉 앞에 세 구절도 역시 부처님을 잡은 것이나, 지금에 유독 마지막 구절로써 부처님을 잡았다고 한 것은 이것은 곧 용 가운데 나아가 설함을 잡은 것이니, 말하자면 장행문이 이미 용에 나아가 설한 것이라면 곧 지금에 이 게송문도 장행문을 따라 또한 우선 용에 나아가 설하는 것이니, 곧 그 가운데 앞에 세 구절은 가히 오직 용에만 나아가 설한 것이어니와, 그 마지막 구절은 이미 두려운 길에서 빼내어 제도하여 줌을 통석한 것이라고 말하였다면 오직 용에만 나아가 설하였다는 것은 옳지 않기에 그런 까닭으로 여기에 그렇게 말한 것이니 생각할 것이다. 이상은 『잡화기』의 말이다.

모든 용은 다 네 가지 열뇌가 있다고 한 것은 경전과 논의 말이 같지 않다.

그러나 『방불경謗佛經』에 말하기를 저 아나바달다 용왕은 세 가지 근심을 다 멀리 떠났나니

첫 번째는 뜨거운 모래가 그 머리에 떨어지지 않는 것이요,

두 번째는 뱀의 몸으로 욕정을 행하지 않는 것이요,

세 번째는 가루라 새의 두려움이 없는 것이다 하였으니,

저 『방불경』은 보리심을 발하여 삼계의 악惡을 떠남에 비유한 것이다.

그러나 회합會合하면 또한 같다[77] 하겠다.

비늘에 작은 벌레로 고통스러움은 없고, 바람이 보배 옷에 불어옴에 몸이 드러나는 고통이 있다고 한 것은 작은 벌레가 있음을 인유[78]하기에 그런 까닭으로 뜨거운 모래에 구르나니, 이 두 가지는 곧 같은 것이다.[79]

---

77 그러나 회합하면 또한 같다고 운운한 것은, 말하자면 저 『방불경』에는 세 가지이고, 여기 소문엔 네 가지이나 이미 세충細虫을 인유하여 열사熱沙에 구름(驟)이 있다면 곧 저 열사도 또한 이 세충에 회합하는 까닭이니, 회합하면 곧 같이 하나인 것이다. 이상은 『잡화기』의 말이다.

78 작은 벌레가 있음을 인유한다고 운운한 것은, 이것은 곧 어떤 사람이 말한 몸이 드러난 것을 본신을 회복하는 것으로 나누어 열고 세충과 열사를 하나로 합하는 까닭이고, 영인본 화엄 3책, p.34, 7행에 그 바람에 보배 옷이라 운운한 것은, 이것이 곧 지금 소가가 세충을 열사로 나누어 열고 몸이 드러나는 것과 본신을 회복하는 것을 하나로 합하는 까닭이니, 그런 까닭으로 맺어 말하기를 서로 열고 합하는 것이 있다 하였다. 역시 『잡화기』의 말이다.

그 바람이 보배 옷에 불어옴에 몸이 드러나는 고통이라고 한 것은 곧 본신을 회복하는 부끄러움을 나타낸 것이니,

그런 까닭으로 서로 열고 합合함이[80] 있는 것이다.

79 이 두 가지는 곧 같은 것이라고 한 것은, 소문에는 세 번째 작은 벌레의 고통과 네 번째 뜨거운 모래의 고통을 따로 나누어 보아 네 가지이나, 여기는 이 세 번째와 네 번째를 같이 하나로 보아 세 가지이다.

80 서로 열고 합合한다고 한 것은, 열면 네 가지이고 합하면 세 가지라는 것이다.

經

一切衆生種種別이나　於一毛端皆示現하시는
神通變化滿世間하시니　娑竭如是觀於佛이니다

일체중생이 가지가지로 다르지만
한 털끝에 다 시현하시는
신통과 변화가 세간에 충만하시니,
사갈라 용왕이 이와 같이 부처님을 관찰하였습니다.

疏

二中에 此는 就佛論示現이요 前은 約龍云能轉이라하니라 又前一念은 時促이요 今一毛는 處小니 二文影略이라 餘九可知라 但第五偈는 卽前所說하니라

두 번째 게송 가운데 여기 게송은 부처님에 나아가 시현을 논한 것이고,
앞의 장행은 용을 잡아 능히 전轉한다 말한 것이다.[81]
또 앞에 한 생각이라고 한 것은 시간이 촉박한 것이요,
지금에 한 털끝이라고 한 것은 처소가 작은 것이니,

---

81 용을 잡아 능히 전轉한다 말한 것이라고 한 것은, 영인본 화엄 3책, p.28, 8행의 장행문에 한 생각 가운데 스스로 용의 형상을 전한다 한 것이다. 그러나 能자는 없다.

두 문장이 그윽이 생략된 듯하다.

나머지 아홉 게송은 가히 알 수가 있을 것이다.

다만 제 다섯 번째 게송은 곧 앞의 장행에서 설한 바와 같다.

經

佛以神通無限力으로　廣演名號等衆生하야
隨其所樂普使聞케하시니　如是雲音能悟解이니다

無量無邊國土衆을　佛能令入一毛孔케하시고
如來安坐彼會中하시니　此焰口龍之所見이니다

一切衆生瞋恚心과　纏蓋愚癡深若海어늘
如來慈愍皆除滅케하시니　焰龍觀此能明見이니다

一切衆生福德力을　佛毛孔中皆顯現하시며
現已令歸大福海케하시니　此高雲幢之所觀이니다

佛身毛孔發智光하고　其光處處演妙音거늘
衆生聞者除憂畏하나니　德叉迦龍悟斯道이니다

三世一切諸如來와　國土莊嚴劫次第를
如是皆於佛身現하시니　廣步見此神通力이니다

我觀如來往昔行호니　供養一切諸佛海하시고
於彼咸增喜樂心하시니　此速疾龍之所入이니다

佛以方便隨類音으로　為衆說法令歡喜케하신대
其音淸雅衆所悅이니　普行聞此心欣悟이니다

衆生逼迫諸有中하고　業惑漂轉無人救어늘
佛以大悲令解脫케하시니　無熱大龍能悟此이니다

부처님이 신통의 한없는 힘으로써
널리 명호를 연설하되 중생 수와 같이 하여
그들이 좋아하는 바를 따라 널리 하여금 듣게 하시니
이와 같은 법문은 운음당 용왕이 능히 깨달아 알았습니다.

한량없고 끝없는 국토의 중생을
부처님이 능히 하여금 한 털구멍에 들어가게 하시고
여래가 저 회중에 편안하게 앉으시니
이것은 염구 용왕이 본 바입니다.

일체중생은 성내는 마음과
번뇌의 어리석음이[82] 깊기가 바다와 같거늘
여래가 자비로 어여삐 여겨 다 제멸케 하시니
염 용왕이 이것을 관찰하여 능히 분명하게 보았습니다.

---

82 번뇌의 어리석음이란, 장행문에서는 어리석음의 번뇌라 하였다.

일체중생의 복덕의 힘을
부처님의 털구멍 가운데 다 나타내시며
나타내어 마치시고 하여금 큰 복덕의 바다에 돌아가게 하시니
이것은 고운당[83] 용왕이 관찰한 바입니다.

부처님 몸의 털구멍에 지혜의 광명이 일어나고
그 광명이 곳곳에서 묘한 음성을 연창하거늘
중생이 듣는 사람은 근심과 두려움을 제멸하나니
덕차가 용왕이 이 도를 깨달았습니다.

삼세에 일체 모든 여래와
국토장엄 세월의 차례를
이와 같이 다 부처님의 몸에서 나타내시니
광보[84] 용왕이 이 신통력을 보았습니다.

내가 여래께서 옛날에 수행하신 것을 보니
일체 모든 부처님의 바다에 공양하시고
저곳에서 다 기뻐하고 즐거워하는 마음을 증장하시니
이것은 청정색속질 용왕이 들어간 바입니다.

---

83 고운당高雲幢이란, 장행문에는 다만 운당雲幢이라고만 하였다.

84 광보廣步란, 장행문에는 무변보無邊步라 하였으니 무변이라는 말이 곧 여기에 광廣이라는 뜻이다.

부처님이 방편으로 유형을 따르는 음성으로써
중생을 위하여 설법하여 하여금 환희케 하신데
그 음성이 청아하여 중생들이 기뻐하는 바이니
보행대음 용왕이 이 법문을 듣고 기쁜 마음으로 깨달았습니다.

중생이 제유諸有 가운데 핍박을 받고
업혹으로 표전漂轉하지만 구제해줄 사람이 없거늘
부처님이 큰 자비로 하여금 해탈케 하시니
무열뇌 큰 용왕이 능히 이것을 깨달았습니다.

經

復次 毘沙門夜叉王은 得以無邊方便으로 救護惡衆生하는 解脫門하며

다시 비사문 야차왕[85]은 끝없는 방편으로써 악한 중생을 구호하는 해탈문을 얻었으며,

疏

第四는 夜叉王衆이니 長行十法이라

제 네 번째는 야차왕 대중이니
장행문에 십법이 있다.

鈔

第四에 夜叉王下는 前之十段은 長行偈頌을 委釋하고 第十一段去는 卽摘難釋하며 此下는 多不釋偈하고 偈有難者는 懸引釋於長行之中하니 講者는 自對會之니라

제 네 번째 야차왕 대중이라고 한 아래는, 앞에 십단十段[86]은 장행과

85 비사문 야차왕 이하는 제 다섯 번째 무진공덕장회향에 속한다.

86 십단이라고 하는 것은, 색계 오천과 욕계 육천 가운데 앞에 오천이니 도리천

게송을 자세하게 해석하였고 제십일단第十一段으로 좇아 아래는 곧 비난함을 대적하여 해석하였으며,
이 아래는 다분히 게송을 해석하지 않고 게송에 비난함이 있는 것은 멀리 장행 가운데 인용하여 해석하였으니,
강론講論하는 사람은 스스로 대조하여 회석할 것이다.

疏

初一은 卽北方天王이라 得以無邊等者는 謂善者自樂하야 不待加哀어니와 惡者必苦하야 心則偏重하나니 巧救多門일새 故云無邊이요 又此天이 能伏惡鬼하야 令不犯衆生일새 是救護也라하니라

처음에 하나는 곧 북방천왕이다.
끝없는 방편으로써 얻었다고 한 등은, 말하자면 선한 사람은 스스로 즐거워 가피로 어여삐 여김을 기다리지 않거니와 악한 사람은 반드시 고통스러워 마음이 곧 치우쳐 무겁나니,
방편(巧)으로 구호하기를 수많은 문[87]으로 하기에 그런 까닭으로 말하기를 끝이 없다 하고,
또 이 하늘이 능히 악한 귀신을 조복시켜 하여금 중생을 범하지 않게 하기에 이것을 구호한다 한 것이다.

---

이상이고, 제십일단은 일천자日天子 이하이다고 『잡화기』는 말한다.

87 수많은 문(多門)이란, 여러 문이니, 문門은 곧 방편문이다.

經

自在音夜叉王은 得普觀察衆生하야 方便救護하는 解脫門하며

자재음 야차왕은 널리 중생을 관찰하여 방편으로 구호하는 해탈문을 얻었으며,

疏

二는 智觀悲救하야 救苦護善호대 不滯空有일새 故云方便이라하니라

두 번째는 지혜로 관찰하고 대비로 구호하여
고통에서 구제하고 선을 보호하되,
공에도 유有에도 막히지 않기에 그런 까닭으로 말하기를 방편이라 한 것이다.

經

嚴持器仗夜叉王은 得能資益一切甚羸惡衆生케하는 解脫門하며

엄지기장 야차왕은 능히 일체 매우 파리하고 싫어하는 중생을 도와 이익케 하는 해탈문을 얻었으며,

疏

三은 惡業障重을 名甚羸惡라 又羸無善力이니 謂一闡提요 惡卽弊惡니 謗方等者라 明示妙理를 是謂資益이라하니라

세 번째는 악업의 장애가 무거운 것을 이름하여 매우 파리하고 싫어한다 한 것이다.
또 파리하다는 것은 선력善力이 없는 것이니
말하자면 일천제一闡提[88]요,
싫어한다는 것은 곧 피곤하여[89] 싫어하는 것이니
방등경方等經을 비방한 사람이다.
묘한 이치를 분명하게 보이는 것을 이것을 말하여 도와 이익케 한다 한 것이다.

88 일천제一闡提라고 한 것은, 선근이 끊어져 없고 믿음이 구족되지 못한 사람이라 번역한다.

89 弊: 피곤할 폐이다.

經

大智慧夜叉王은 得稱揚一切聖功德海하는 解脫門하며

대지혜 야차왕은 일체 성인의 공덕의 바다를 칭양하는 해탈문을 얻었으며,

疏

四는 倣佛歎佛일새 得名聞果라

네 번째는 부처님을 본받고 부처님을 칭탄하였기에
이름이 소문난 결과[90]를 얻은 것이다.

90 이름이 소문난 결과라고 한 것은, 게송문에는 높고도 멀고 큰 이름의 소문이라 하였다.

經

焰眼主夜叉王은 得普觀察一切衆生을 大悲智하는 解脫門하며

염안주 야차왕은 널리 일체중생을 큰 자비와 지혜로 관찰하는 해탈문을 얻었으며,

疏

五는 悲智二照가 合爲一心하야 與法身俱일새 故恒觀察이라하니라

다섯 번째는 자비와 지혜의 두 가지 비침이
합하여 한마음이 되어서
법신으로 더불어 함께하기에,
그런 까닭으로 항상[91] 관찰한다 한 것이다.

91 소문에 恒 자는 경문에 普 자의 뜻이다.

經

金剛眼夜叉王은 得種種方便으로 利益安樂一切衆生케하는 解脫門하며

금강안 야차왕은 가지가지 방편으로 일체중생을 이익하고 안락케 하는 해탈문을 얻었으며,

疏

六은 妙音說法하야 利益多端이나 唯應度者는 聲暨能益이라

여섯 번째는 묘한 음성으로 법을 설하여
이익케 하는 것이 다단多端하지만,
오직 응당 제도 받을 사람은
음성이 미침[92]에 능히 이익을 받는 것이다.

92 暨는 미칠 기이다.

經

勇健臂夜叉王은 得普入一切諸法義하는 解脫門하며

용건비 야차왕은 널리 일체 모든 법의法義에 들어가는 해탈문을 얻었으며,

疏

七은 教廣理深거늘 一句能演이 卽是普入이라

일곱 번째는 가르침이 넓고 진리가 깊거늘,
한 구절로 능히 연설하는 것이
곧 이것이 널리 들어가는 것이다.

經

勇敵大軍夜叉王은 得守護一切衆生하야 令住於道하야 無空過者하는 解脫門하며

용적대군 야차왕은 일체중생을 수호하여 하여금 도에 머물러 헛되이 지나는 사람이 없게 하는 해탈문을 얻었으며,

疏

八은 令物離邪하고 則能住正이 爲守護矣라 然이나 住正道者는 則不分別是邪是正일새 云不思議라하니라

여덟 번째는 중생으로 하여금 사도를 여의고 곧 능히 정도에 머무르게 하는 것이 수호가 되는 것이다.
그러나 정도에 머문 사람은 곧 이것이 사도다, 이것이 정도다를 분별하지 않기에 게송에 사의할 수 없다고 말한 것이다.

鈔

住正道者下則는 卽淨名入不二法門品中에 珠頂王菩薩之言이라

정도에 머무르게 한다고 한 아래는 『정명경』 입불이법문품入不二法門品 가운데 주정왕珠頂王보살의 말이다.

經

富財夜叉王은 得增長一切衆生에 福德聚하야 令恒受快樂케하는 解脫門하며

부재 야차왕은 일체중생에게 복덕의 뭉치를 증장하여 하여금 항상 쾌락을 받게 하는 해탈문을 얻었으며,

疏

九는 集福德因하야 受快樂果이니 由身智光하야 得增長也니라

아홉 번째는 복덕의 원인을 모아서
쾌락의 과보를 받게 하는 것이니,
신身·지智의 광명을 인유하여
증장함을 얻는 것이다.

經

力壞高山夜叉王은 得隨順憶念하야 出生佛力과 智光明하는 解脫門하니라

역괴고산 야차왕은 기억하고 생각함을 따라 부처님의 힘과 지혜광명을 출생하는 해탈문을 얻었습니다.

疏

十은 念佛修因하야 生十力果하니 天未證極일새 故云隨順이라하니라

열 번째는 염불로 원인을 닦아 십력의 과보를 출생하나니,
하늘은 아직 극위極位를 증득하지 못하였기에 그런 까닭으로 말하기를 따른(隨順)다고 한 것이다.

經

爾時에 多聞大夜叉王이 承佛威力하야 普觀一切夜叉衆會하고 而說頌言호대

그때 다문대 야차왕이 부처님의 위신력을 받아 일체 야차의 모인 대중을 널리 관찰하고 게송을 설하여 말하기를,

疏

偈中亦十이라 文顯可知니라

게송 가운데도 역시 열 게송이 있다.
문장에 잘 나타나 있으니
가히 알 수가 있을 것이다.

經

衆生罪惡深可怖하야 於百千劫不見佛하고
漂流生死受衆苦하나니 爲救是等佛興世이니다

如來救護諸世間코자 悉現一切衆生前하야
息彼畏塗輪轉苦케하시니 如是法門音王入이니다

衆生惡業爲重障거늘 佛示妙理令開解호미
譬以明燈照世間하나니 此法嚴仗能觀見이니다

佛昔劫海修諸行할재 稱讚十方一切佛일새
故有高遠大名聞하나니 此智慧王之所了이니다

智慧如空無有邊하야 法身廣大不思議일새
是故十方皆出現하시니 焰目於此能觀察이니다

一切趣中演妙音하야 說法利益諸群生호대
其聲所暨衆苦滅하시니 入此方便金剛眼이니다

一切甚深廣大義를 如來一句能演說하대
如是敎理等世間하시니 勇健慧王之所悟이니다

一切衆生住邪道일새　　佛示正道不思議하사
普使世間成法器케하시니 此勇敵軍能悟解이니다

世間所有衆福業의　　一切皆由佛光照호대
佛智慧海難測量하나니　如是富財之解脫이니다

憶念往劫無央數하니　　佛於是中修十力하사
能令諸力皆圓滿케하시니 此高幢王所了知이니다

중생의 죄악이 깊고도 가히 두려워
백천 세월에도 부처님을 보지 못하고
생사에 표류하여 수많은 고통을 받나니
이 중생들을 구호하기 위하여 부처님이 세간에 출흥하셨습니다.

여래가 모든 세간에 중생을 구호하려고
다 일체중생 앞에 나타나
저 두려운 길에 윤전輪轉하는 고통을 쉬게 하시니
이와 같은 법문은 자재음 야차왕이 들어갔습니다.

중생의 악업이 무거운 장애가 되거늘
부처님이 묘한 진리를 보여 하여금 열어 알게 하시는 것이
비유하자면 밝은 등불로 세간을 비추는 것과 같나니
이 법문은 엄지기장 야차왕이 능히 보았습니다.

부처님이 옛날 세월의 바다에서 모든 행을 닦을 때에
시방의 일체 부처님을 칭찬하였기에
그런 까닭으로 높고도 멀고 큰 이름의 소문이 있나니
이것은 대지혜 야차왕이 요달한 바입니다.

지혜가 허공과 같아 끝이 없듯이
법신도 광대하여 사의할 수 없기에
이런 까닭으로 시방에 다 출현하시니
염목주[93] 야차왕이 이것을 능히 관찰하였습니다.

일체 제취諸趣 가운데 묘음을 연창하여
법을 설해 모든 중생을 이익케 하시되
그 음성이 미치는 곳에 수많은 고통을 멸제하시니
이 방편문에 들어간 사람은 금강안 야차왕입니다.

일체 깊고도 깊고 광대한 뜻을
여래가 한 구절로 능히 연설하시되
이와 같은 가르침과 진리를 세간과 같게 하시니
용건혜[94] 야차왕이 깨달은 바입니다.

일체중생이 사도에 머물기에

---

93 염목(염목주)은, 장행문에 염안주焰眼主라 하였다.

94 용건혜는, 장행문에 용건비勇健臂라 하였다.

부처님이 정도의 사의할 수 없음을 개시하여
널리 세간으로 하여금 법기法器를 성취케 하시니
이것은 용적대군 야차왕이 능히 깨달아 알았습니다.

세간에 있는 바 수많은 복업의
일체가 다 부처님의 광명을 인유하여 비추되
부처님의 지혜의 바다는 측량하기 어렵나니
이와 같은 것은 부재 야차왕의 해탈입니다.

지나간 세월 헤아릴 수 없는 시간을 기억하고 생각하니
부처님이 이 가운데 십력을 닦아서
능히 모든 힘으로 하여금 다 원만케 하셨나니
이것은 역괴고당[95] 야차왕이 요달하여 아는 바입니다.

95 원문에 고당高幢은, 장행문에는 역괴고산力壞高山이라 하였다.

經

復次 善慧摩睺羅伽王은 得以一切神通方便으로 令衆生集功德케하는 解脫門하며

다시 선혜 마후라가왕[96]은 일체 신통과 방편으로써 중생으로 하여금 공덕을 모으게 하는 해탈문을 얻었으며

疏

第五는 摩睺羅伽衆이니 十法이라 一은 普現威光일새 名爲神通이요 不動性淨하고 示涅槃因일새 故云方便이라하니 依因集德하면 必得無依涅槃하리라

제 다섯 번째는 마후라가 대중이니 십법이 있다.
첫 번째는 널리 위광을 나타내기에[97] 이름을 신통이라 하는 것이요, 여래 본성의 청정한[98] 자리를 움직이지 않고 열반의 원인(因)을 보이기에 그런 까닭으로 말하기를 방편이라 하는 것이니,
열반의 원인을 의지하여 공덕을 모으면 반드시 의지함이 없는 열반(無依涅槃)의 과보를 얻을 것이다.

---

96 선혜 마후라가왕 이하는 제 네 번째 지일체처회향에 속한다.

97 원문에 보현위광普現威光은, 게송의 말이다.

98 원문에 성정性淨은, 게송에 여래성청정如來性淸淨이라 하였다.

經

淨威音摩睺羅伽王은 得使一切衆生으로 除煩惱하야 得淸涼悅樂케하는 解脫門하며

정위음 마후라가왕은 일체중생으로 하여금 번뇌를 제멸하여 청량한 즐거움을 얻게 하는 해탈문을 얻었으며,

疏

二에 除惑契寂은 是淸淨因이요 淸涼悅樂은 是涅槃果라

두 번째 업혹을 제멸하여 적정에 계합하는[99] 것은 이것은 청정의 원인이요,
청량한 즐거움은 이것은 열반의 결과이다.

---

99 업혹을 제멸하여 적정에 계합한다고 한 것은, 아래 제 두 번째 게송을 뜻으로 인용한 것이다.

經

勝慧莊嚴髻摩睺羅伽王은 得普使一切善不善을 思覺하는 衆生으로 入淸淨法케하는 解脫門하며

승혜장엄계 마후라가왕은 일체 선과 불선을 생각(思覺)하는 중생으로 하여금 청정한 법에 들어가게 하는 해탈문을 얻었으며,

疏

三은 善者도 善之하고 不善者도 佛亦善之하나니 善覺亦亡하야사 乃入本淨이라

세 번째는 선한 사람도 좋아하고 불선한 사람도 부처님은 또한 좋아하나니,
좋아한다는 생각조차 또한 잃어야 이에 본래 청정함에 들어가는 것이다.

鈔

善者도 善之等은 卽道德經云호대 善者도 吾善之하고 不善者도 吾亦善之라하니라

선한 사람도 좋아한다고 한 등은, 곧『도덕경』에 말하기를 선한

사람도 나는 좋아하고 불선한 사람도 나는 또한 좋아한다[100] 하였다.

100 원문에 오역선지吾亦善之라 한 것은, 소문에 불역선지佛亦善之라 한 것과 같나니, 단 오吾 자와 불佛 자의 차이로 청량스님이 『도덕경』(덕경)에 오吾 자를 불佛 자로 바꾸어 빌려 쓴 것뿐이다. 구체적으로 말하면, 성인은 영원한 마음(일정한 마음)이 없고(聖人無常心) 백성의 마음으로써 마음을 삼는다(以百姓心爲心). 선한 사람도 나를 좋아하고 운운하여 여기 말한 것과 같다. 『노자』 49장이니, 홍신문화사, 『노자』, 노태준 역, p.175에 있다.

經

妙目主摩睺羅伽王은 得了達一切無所著한 福德自在平等相하는 解脫門하며

묘목주 마후라가왕은 일체 집착하는 바가 없는 복덕이 자재하고 평등한 모습을 요달하는 해탈문을 얻었으며,

疏

四는 福非福相일새 染不可著이요 非福現福일새 名自在相이요 佛佛無二일새 是平等相이라

네 번째는 복덕에는 복덕의 모습이 없기에 더러운 것이 가히 붙을 수 없는 것이요,
복덕이 없는데 복덕을 나타내기에 이름을 자재한 모습이라 하는 것이요,
부처님과 부처님이 둘이 없기에 이것을 평등한 모습이라 하는 것이다.

經

燈幢摩睺羅伽王은 得開示一切衆生하야 令離黑闇怖畏道케하는 解脫門하며

등당 마후라가왕은 일체중생에게 열어 보여 하여금 흑암의 두려운 길에서 떠나게 하는 해탈문을 얻었으며,

疏

五는 無智黑因은 如燈開示요 怖畏苦果는 如幢爲歸니라

다섯 번째는 무지無智한 흑암의 원인은 등불과 같이 열어 보이는 것이요,
두려운 고통의 결과는 당기와 같이 돌아가는[101] 것이다.

---

101 당기와 같이 돌아간다고 한 것은, 당간 깃발을 보고 절을 찾아가고, 군인은 깃발을 보고 따라간다. 그와 같이 고통의 결과도 그 원인을 따라가는 것이다.

經

最勝光明幢摩睺羅伽王은 得了知一切佛功德하고 生歡喜케하는 解脫門하며

최승광명당 마후라가왕은 일체 부처님의 공덕을 요달하여 알고 환희를 내게 하는 해탈문을 얻었으며,

疏

六은 以知佛德이 同空하야 齊己一性일새 故歡喜也니라

여섯 번째는 부처님의 공덕이 허공과 같아
자기의 한 성품과 가지런한 줄 알기에
그런 까닭으로 환희하는 것이다.

經

師子臆摩睺羅伽王은 得勇猛力으로 爲一切衆生의 救護主하는 解脫門하며

사자억 마후라가왕은 용맹한 힘으로 일체중생을 구호하는 주인이 되는 해탈문을 얻었으며,

疏

七은 見理決斷하야 聞深不怖하며 聞淺不疑하며 聞非深非淺이라도 意而有勇이라 八風不傾은 爲勇猛力이요 旣以自正하고 必能正他는 爲救護主니라

일곱 번째는 이치를 보고 결단하여 깊다고 함을 들을지라도 두려워하지 아니하며,
얕다고 함을 들을지라도 의심하지 아니하며,
깊지도 않고 얕지도 않다고 함을 들을지라도 마음에 용맹이 있는 것이다.
팔풍에 넘어지지 않는 것은 용맹한 힘이 되고, 이미 자기도 올바르고 반드시 능히 남도 올바르게 하는 것은 구호하는 주인이 되는 것이다.

鈔

聞深不怖等者는 大分深義는 所謂空也니 聞說於空하고 謂同斷滅일새 故令人怖라 故大品云호대 旣非先有하고 亦非後無라 自性常空하니 勿生驚怖라하니라 聞淺不疑者는 淺謂涉事니 方便多門일새 則令疑惑거니와 今知隨宜어니 何所疑耶리요 聞非深非淺은 謂無所據하야 使身心茫然케하나니 知非深爲妙有요 非淺爲眞空이요 離身心相은 方爲勇猛이니 可造斯境이니라 又此三句가 亦卽三觀이니 初는 空이요 次는 假요 後는 中道라 三句齊聞하면 一念皆會니라

깊다고 함을 들을지라도 두려워하지 않는다고 한 등은 대부분[102] 깊다는 뜻은 말한 바 공空이니,

공이라고 설함을 듣고 단멸과 같다고 말하기에 그런 까닭으로 사람으로 하여금 두렵게 하는 것이다.

그런 까닭으로『대품반야경』에 말하기를 이미 먼저 있은 적도 없고 또한 뒤에 없어지는 적도 없다.

자성은 항상 공하나니 놀라 두려워함을 내지 말라 하였다.

얕다고 함을 들을지라도 의심하지 않는다고 한 것은 얕다는 것은 말하자면 건너는 일이니,

방편이 여러 가지 문이기에 곧 하여금 의혹케 하거니와 지금에는 마땅함을 따르는 줄 알거니 어찌 의심할 바이겠는가.

깊지도 않고 얕지도 않다고 함을 듣는다고 한 것은 말하자면 의거하

102 원문에 대분大分은 대부분大部分이라는 뜻이다.

는 바가 없어서 몸과 마음으로 하여금 망연茫然하게 하는 것이니,
깊지 않다는 것은 묘유妙有가 되고,
얕지 않다는 것은 진공眞空이 되고,
몸과 마음의 모습[103]을 떠나는[104] 것은 바야흐로 용맹勇猛이 되는 줄 알 것이니
가히 이 경계[105]에 나아갈 것이다.
또 이 세 구절이 또한 곧 삼관三觀이니
처음 구절은 공관이요,
다음 구절은 가관이요,
뒤에 구절은 중도관이다.
이 세 구절을 가지런하게 들으면 한 생각에 다 알 수가 있을 것이다.

103 원문에 心相"은" 토는 위에 비심非深"은", 비천非淺"은" 토와 일관성을 도모한 토이다. 보편적으로 그 문장 아래에 方 자가 있으면 "하야사" 토이다.

104 몸과 마음의 모습을 떠난다고 한 등은, 얕지 않다 하여도 망연히 상관하지 않는다는 것이다.

105 이 경계란, 몸과 마음의 모습을 떠난 망연한 용맹의 경계이다.

經

衆妙莊嚴音摩睺羅伽王은 得令一切衆生으로 隨憶念하야 生無邊喜樂케하는 解脫門하며

중묘장엄음 마후라가왕은 일체중생으로 하여금 기억하고 생각함을 따라 끝없는 기쁨과 즐거움을 내게 하는 해탈문을 얻었으며,

疏

八은 往修喜因일새 故로 見念皆喜케하니라

여덟 번째는 지나간 옛날에 기쁘게 할 원인을 닦았기에 그런 까닭으로 보거나 생각하는 사람으로 하여금 다 기쁘게 하는 것이다.

經

須彌臆摩睺羅伽王은 得於一切所緣에 決定不動하야 到彼岸滿足하는 解脫門하며

수미억 마후라가왕은 일체 반연하는 바에 결정코 움직이지 않아서 저 언덕에 이르러 만족하는 해탈문을 얻었으며,

疏

九는 見理智成일새 則緣不動하며 智爲行本일새 諸度悉圓하나니 亦猶海納百川에 更不流矣니라

아홉 번째는 이치를 보아 지혜를 성취하였기에 곧 반연하는 바에 움직이지 아니하며,
지혜로 행의 근본을 삼았기에 모든 바라밀(諸度)을 다 원만히 하나니, 또한 비유하자면 바다가 백천百川의 물을 받아들임에 다시는 흐르지 않는 것과 같다.

經

可愛樂光明摩睺羅伽王은 得爲一切不平等衆生하야 開示平等道하는 解脫門하니라

가애락광명 마후라가왕은 일체 불평등한 중생을 위하여 평등한 도를 개시하는 해탈문을 얻었습니다.

疏

十은 開生等理하야 示佛等應하며 破情不等하야 令悟性等이 爲平等道니라

열 번째는 중생에게 평등한 도리를 열어
부처님이 평등하게 응함을 보이며,
중생의 평등하지 못함을 깨뜨려
하여금 성품이 평등함을 깨닫게 하는 것이
평등한 도가 되는 것이다.

經

爾時에 善慧威光摩睺羅伽王이 承佛威力하야 普觀一切摩睺羅伽衆하고 而說頌言호대

그때 선혜위광 마후라가왕이 부처님의 위신력을 받아 널리 일체 마후라가 대중을 관찰하고 게송을 설하여 말하기를,

疏

十偈는 如次하야 文顯하니 可知라

열 게송은 차례와 같이 문장에 잘 나타나 있으니
가히 알 수가 있을 것이다.

經

汝觀如來性淸淨하라 普現威光利群品케하며
示甘露道使淸涼케하시니 衆苦永滅無所依이니다

一切衆生居有海에 諸惡業惑自纏覆거늘
示彼所行寂靜法하시니 離塵威音能善了이니다

佛智無等叵思議일새 知衆生心無不盡하며
爲彼闡明淸淨法하시니 如是嚴髻心能悟이니다

無量諸佛現世間하사 普爲衆生作福田하사대
福海廣大深難測하나니 妙目大王能悉見이니다

一切衆生憂畏苦어늘 佛普現前而救護하사대
法界虛空靡不周하시니 此是燈幢所行境이니다

佛一毛孔諸功德을 世間共度不能了하며
無邊無盡同虛空하시니 如是廣大光幢見이니다

如來通達一切法하야 於彼法性皆明照하사대
如須彌山不傾動하시니 入此法門師子臆이니다

佛於往昔廣大劫에　集歡喜海深無盡일새
是故見者靡不欣하나니　此法嚴音之所入이니다

了知法界無形相하시고　波羅蜜海悉圓滿하야
大光普救諸衆生하시니　山臆能知此方便이니다

汝觀如來自在力하라　十方降現罔不均하사
一切衆生咸照悟케하시니　此妙光明能善入이니다

그대들은 여래의 본성이 청정함을 관찰하세요.
널리 위광威光을 나타내어 중생을 이익케 하며
감로의 도를 개시하여 하여금 청량케 하시니
수많은 고통이 영원히 제멸되어 의지할 곳이 없을 것입니다.

일체중생이 제유諸有의 바다에 거처함에
모든 악한 업혹이 스스로를 얽어 덮거늘
저들이 행할 바 적정한 법을 보이시니
이것은 이진위음[106] 마후라가왕이 능히 잘 요달하였습니다.

부처님의 지혜는 같을 사람도 없고 사의할 수도 없기에[107]

---

106 이진위음離塵威音은, 장행문에는 정위음淨威音이라 하였으니, 이진離塵이 곧 정淨이다.

107 叵는 불가不可 파이니, 즉 사의하는 것도 불가하다는 뜻이다.

중생의 마음을 알아 다하지 아니함이 없으며
저 중생을 위하여 청정한 법을 열어 밝히시니
이와 같은 것은 승혜장엄계 마후라가왕이 마음에 능히 깨달았습니다.

한량없는 모든 부처님이 세간에 출현하여
널리 중생을 위하여 복전을 지으시되
복전의 바다가 광대하고 깊어 측량할 수 없나니
묘목대[108] 마후라가왕이 능히 다 보았습니다.

일체중생이 근심과 두려움으로 고통스러워하거늘
부처님이 널리 그들 앞에 나타나 구호하시되
법계 허공계에 두루하지 아니함이 없으시니
이것은 이 등당 마후라가왕이 행한 바 경계입니다.

부처님의 한 털구멍에 모든 공덕을
세간이 함께 헤아려도 능히 알지 못하며
끝도 없고 다함도 없는 것이 허공과 같으시니
이와 같은 것은 광대광명당[109] 마후라가왕이 보았습니다.

여래가 일체법을 통달하여
저 법성을 다 밝게 비추시되

---

108 묘목대란, 장행문에는 묘목주妙目主라 하였다.

109 광대광명당은, 장행문에는 최승광명당이라 하였다.

수미산과 같이 기울거나 움직이지 않으시니
이 법문에 들어간 이는 사자억 마후라가왕입니다.

부처님이 지나간 옛날 광대한 세월에
환희의 바다를 모은 것이 깊어서 끝이 없기에
이런 까닭으로 보는 사람이 기뻐하지 아니함이 없나니
이 법문은 중묘장엄음 마후라가왕이 들어간 바입니다.

법계가 형상이 없는 줄 요달하여 아시고
바라밀의 바다를 다 원만히 하여
큰 광명으로 모든 중생을 널리 구호하시니
수미산억 마후라가왕이 능히 이 방편을 알았습니다.

그대들은 여래의 자재한 힘을 관찰하세요.
시방에 내려와 나타내시되 고르게 아니함이 없어서
일체중생을 다 비추어 깨닫게 하시니
이것은 묘광명[110] 마후라가왕이 능히 잘 들어갔습니다.

---

110 묘광명妙光明은, 장행문에는 가애락광명可愛樂光明이라 하였다.

經

復次 善慧光明天緊那羅王은 得普生一切喜樂業하는 解脫門하며

다시 선혜광명천 긴나라왕은[111] 널리 일체 기쁨과 즐거움의 업을 내는 해탈문을 얻었으며,

疏

第六은 緊那羅王이니 十法이라 一은 世喜樂業은 皆因佛生이니라

제 여섯 번째는 긴나라왕이니
십법이 있다.
첫 번째는 세간에 기쁨과 즐거움의 업은
다 부처님을 인하여 생겨나는 것이다.

111 선혜광명천 긴나라왕 이하는 제 세 번째 등일체회향에 속한다.

經

妙華幢緊那羅王은 得能生無上法喜하야 令一切受安樂케하는 解脫門하며

묘화당 긴나라왕은 능히 더 이상 없는 법의 기쁨을 내어 일체 세간으로 하여금 안락을 받게 하는 해탈문을 얻었으며,

疏

二는 聞深適神일새 故法喜無上이요 終得涅槃일새 無盡安樂이라

두 번째 깊은 법을 들음에 심신心神이 쾌적하기에
그런 까닭으로 법의 기쁨이 더 이상 없는 것이요,
마침내 열반을 얻기에
끝없는 안락을 받는 것이다.

經

種種莊嚴緊那羅王은 得一切功德滿足하야 廣大淸淨信解藏의 解脫門하며

종종장엄 긴나라왕은 일체 공덕이 만족하여 광대하고 청정함을 믿고 아는 창고의 해탈을 얻었으며,

疏

三은 佛德深廣하야 信亦包含이라

세 번째는 부처님의 공덕은 깊고도 넓어서
믿음도 또한 포함하는 것이다.

經

悅意吼聲緊那羅王은 得恒出一切悅意聲하야 令聞者離憂怖케 하는 解脫門하며

열의후성 긴나라왕은 항상 일체 기쁜 마음의 음성을 내어 듣는 사람으로 하여금 근심과 두려움을 떠나게 하는 해탈문을 얻었으며,

疏

四는 音演眞法하야 令聞일새 故로 妄憂除而意悅이라

네 번째는 음성으로 진실한 법을 연설하여 하여금 듣게 하기에 그런 까닭으로 허망한 근심은 제멸되고
마음은 기뻐지는 것이다.

經

寶樹光明緊那羅王은 得大悲로 安立一切衆生하야 令覺悟所緣케하는 解脫門하며

보수광명 긴나라왕은 대비로 일체중생을 안립安立하여 하여금 반연할 바 중생을 깨닫게 하는 해탈문을 얻었으며,

疏

五는 達境唯心이라 而本空인댄 則安立衆生하야 於覺悟니라

다섯 번째는 경계를 요달하는 것은 오직 마음이다.
그러나 그 마음이 공空을 근본으로 한다면
곧 중생을 안립하여
깨닫게 할 것이다.

經

普樂見緊那羅王은 得示現一切妙色身하는 解脫門하며

보락견 긴나라왕은 일체 묘한 색신을 시현하는 해탈문을 얻었으며,

疏

六은 難遇益生일새 所以示現이요 相嚴常住일새 名爲妙色이라

여섯 번째는 여래는 만나기 어렵지만[112] 중생을 이익케 하기에
그런 까닭으로 시현하는 것이요,
상호 장엄신으로 항상 머물기에
이름을 묘한 색신이라 하는 것이다.

---

112 원문에 난우難遇는, 게송의 첫 구절에 여래는 가히 친견하거나 이름조차 듣기 어렵다고 한 것이고, 익생益生은, 제 두 번째 구절에 중생이 억 세월 그때에 이미 만난 것이라 한 것이다.
상엄相嚴은, 제 세 번째 구절에 수많은 상호로 장엄한 것이라 한 것이다.

經

最勝光莊嚴緊那羅王은 得了知一切殊勝莊嚴果가 所從生業하는 解脫門하며

최승광장엄 긴나라왕은 일체 수승한 장엄의 과보가 좇아난 바 업을 요달하여 아는 해탈문을 얻었으며,

疏

七은 大智普慈는 是二嚴果요 一切智因은 是能生業이라

일곱 번째는 큰 지혜와 넓은 자비는 이것은 두 가지 장엄[113]의 과보요, 일체 지혜의 원인은 이것은 능히 생겨나는 업이다.

113 두 가지 장엄은, 신身·지智의 두 가지 장엄이다.

經

微妙華幢緊那羅王은 得善觀察一切世間에 業所生報하는 解脫門하며

미묘화당 긴나라왕은 일체 세간에 업으로 생겨난 바 과보를 잘 관찰하는 해탈문을 얻었으며,

疏

八은 業細難窮이나 自觀示物이라

여덟 번째는 업은 미세하여 궁구하기 어렵지만
스스로 관찰하여 중생에게 시현하는 것이다.

經

動地力緊那羅王은 得恒起一切利益衆生事하는 解脫門하며

동지력 긴나라왕은 부처님이 항상 일체중생을 이익케 하는 일을 일으키는 해탈문을 얻었으며,

疏

九는 神通益物이나 無間稱恒이라

아홉 번째는 부처님은 신통으로 중생을 이익케 하지만 간단없이 하시기에 항상이라고 이름하는 것이다.

經

威猛主緊那羅王은 得善知一切緊那羅心하야 巧攝御하는 解脫門하니라

위맹주 긴나라왕은 일체 긴나라의 마음을 잘 알아서 방편으로 섭수하여 제어하는 해탈문을 얻었습니다.

疏

十은 知機巧化니 謂攝心正智하며 御心如境이라

열 번째는 근기를 알아 방편으로 교화하는 것이니,
말하자면 긴나라의 마음을 바른 지혜로 섭수하며
긴나라의 마음을 여래의 경계[114]로 제어하는 것이다.

114 원문에 여경如境은, 게송문에 일체 여래의 경계라 한 것이다.

經

爾時에 善慧光明天緊那羅王이 承佛威力하야 普觀一切緊那羅衆하고 而說頌言호대

그때 선혜광명천 긴나라왕이 부처님의 위신력을 받아 널리 일체 긴나라 대중을 관찰하고 게송을 설하여 말하기를,

疏

十頌次第는 文並可知라

열 가지 게송의 차례는 문장을 보면 아울러 가히 알 수가 있을 것이다.

經

世間所有安樂事는 一切皆由見佛興하나니
導師利益諸衆生코자 普作救護歸依處하니다

出生一切諸喜樂하야 世間咸得無有盡하시며
能令見者不唐捐케하시니 此是華幢之所悟이니다

佛功德海無有盡하사 求其邊際不可得이며
光明普照於十方하시니 此莊嚴王之解脫이니다

如來大音常演暢하사 開示離憂眞實法거늘
衆生聞者咸欣悅하나니 如是吼聲能信受이니다

我觀如來自在力호니 皆由往昔所修行하야
大悲救物令淸淨케하시니 此寶樹王能悟入이니다

如來難可得見聞이나 衆生億劫時乃遇리며
衆相爲嚴悉具足하시니 此樂見王之所覩이니다

汝觀如來大智慧하라 普應群生心所欲하사
一切智道靡不宣하시니 最勝莊嚴此能了이니다

業海廣大不思議하야　　衆生苦樂皆從起어늘
如是一切能開示하시니　此華幢王所了知이니다

諸佛神通無間歇하사　　十方大地恒震動이시나
一切衆生莫能知하나니　此廣大力恒明見이니다

處於衆會現神通하며　　放大光明令覺悟케하야
顯示一切如來境하시니　此威猛主能觀察이니다

세간에 있는 바 안락한 일들은
일체가 다 부처님을 친견함을 인유하여 일어나나니
도사가 모든 중생을 이익케 하려고
널리 구호하여 귀의할 곳을 지으셨습니다.

일체 모든 기쁨과 즐거움을 출생하여
세간으로 다 얻게 하되 끝이 없이 하시며
능히 보는 사람으로 하여금 헛되이 버리지 않게 하시니
이것은 묘화당 긴나라왕이 깨달은 바입니다.

부처님의 공덕의 바다는 끝이 없어서
그 끝을 구할지라도 가히 얻을 수 없으며
그 광명이 널리 시방을 비추시니
이것은 종종장엄 긴나라왕의 해탈입니다.

여래가 큰 음성을 항상 연창하여
근심 떠난 진실한 법을 개시하시거늘
중생이 듣는 사람은 다 기뻐하나니
이와 같은 것은 열의후성 긴나라왕이 능히 믿고 받았습니다.

내가 여래의 자재한 힘을 관찰하니
다 지난 옛날의 수행한 바를 인유하여
대비로 중생을 구호하여 하여금 청정케 하시나니
이것은 보수광명 긴나라왕이 능히 깨달아 들어갔습니다.

여래는 가히 친견하거나 이름조차 들음을 얻기 어려우나
중생이 억 세월 그때 이에 만날 것이며
수많은 상호로 장엄하여 다 구족하시니
이것은 보락견 긴나라왕이 본 바입니다.

그대들은 여래의 큰 지혜를 관찰하세요.
널리 중생들의 마음에 욕망하는 바를 응하여
일체 지혜의 도를 선설하지 아니함이 없으시니
최승광장엄 긴나라왕이 이것을 능히 요달하였습니다.

업의 바다는 광대하고 사의할 수 없어서
중생의 고통과 즐거움이 다 이로 좇아 일어나거늘
이와 같은 일체를 능히 개시하시니

이것은 미묘화상 긴나라왕이 요달하여 안 바입니다.

모든 부처님의 신통은 잠깐도 쉼 없이
시방에 대지大地를 항상 진동하시지만
일체중생이 능히 알지 못하나니
이것은 광대력[115] 긴나라왕이 항상 분명하게 봅니다.

중회衆會[116]에 거처하여 신통을 나타내시며
큰 광명을 놓아 하여금 깨닫게 하여
일체 여래의 경계를 현시하시니
이것은 위맹주 긴나라왕이 능히 관찰하였습니다.

115 광대력은, 장행문에는 동지력動地力이라 하였다.

116 중회衆會는, 회중會衆이니, 대중이 모인 곳이다.

經

復次 大速疾力迦樓羅王은 得無著無礙眼으로 普觀察衆生界하는 解脫門하며

다시 대속질력 가루라왕은[117] 집착이 없고 걸림이 없는 눈으로 널리 중생의 세계를 관찰하는 해탈문을 얻었으며,

疏

第七은 迦樓羅王이라 依賢首靜法건댄 皆云準頌에 長行에 脫第五執持王이라하니라 一은 智無著故로 見無礙요 悲普觀故로 通悉調니라

제 일곱 번째는 가루라왕이다.
현수와 정법靜法을 의지하건대, 다 말하기를 게송을 기준함에 장행문에[118] 제 다섯 번째 집지왕執持王의 전문全文이 빠졌다 하였다. 첫 번째는 지혜가 집착이 없는 까닭으로 보는 것이 걸림이 없는

---

117 대속질력 가루라왕 이하는 제 두 번째 불괴회향에 속한다.

118 장행문에 운운은, 영인본 화엄 3책, p.56, 4행에 집지왕은 섭지력攝持力이라 하였고, 대해처섭지력大海處攝持力 등 二十二字가 빠진 것을 여기서 보증하였다는 말이다. 곧 현수스님과 원공이 다 빠졌다고 하였으나 어떤 본을 보니 그 전문이 있어서 보증하였다는 것이다. 그 어떤 본이란 남장경이다. 바로 다음 페이지 제 다섯 번째에 있다.

것이요,

대비로 널리 보는 까닭으로 모두 다 조복하는 것이다.

經

不可壞寶髻迦樓羅王은 得普安住法界하야 教化衆生하는 解脫門하며

불가괴보계 가루라왕은 널리 법계에 편안히 머물러 중생을 교화하는 해탈문을 얻었으며,

疏

二는 遍坐覺樹를 名住法界요 現通說法을 名爲教化라

두 번째는 깨달음의 나무에 두루 앉는 것을
이름하여 법계에 편안히 머문다고 한 것이요,
신통을 나타내어 법을 설하는 것을
이름하여 교화한다 한 것이다.

經

清淨速疾迦樓羅王은 得普成就波羅蜜精進力하는 解脫門하며

청정속질 가루라왕은 널리 바라밀의 정진력을 성취하는 해탈문을 얻었으며,

疏

三은 進策諸度하야 往修故成이라

세 번째는 부처님이 정진하시되 모든 바라밀을 방책方策하여 지나간 옛날에 수행한 까닭으로 성취한다 한 것이다.

經

不退心莊嚴迦樓羅王은 得勇猛力으로 入如來境界하는 解脫門하며

불퇴심장엄 가루라왕은 용맹한 힘으로 여래의 경계에 들어가는 해탈문을 얻었으며,

疏

四에 境界는 如偈文이니 絶思則入이 方爲勇猛이라

네 번째 여래의 경계는 게송문과 같나니,
생각이 끊어진[119] 경계에 곧 들어가는 것이
바야흐로 용맹이 되는 것이다.

119 생각이 끊어졌다고 한 것은, 게송에는 사의하기 어렵다(難思)고 하였다.

經

大海處攝持力迦樓羅王은 得入佛行의 廣大智慧海하는 解脫門하며

대해처섭지력 가루라왕은 불행佛行[120]의 광대한 지혜의 바다에 들어가는 해탈문을 얻었으며,

---

120 경문에 득입불행得入佛行이라 한 등은, 대개 소본인즉 이미 第五를 설하였고, 지금 소문에 의지한 바 어떤 본인즉 또 이미 득능갈중생得能竭衆生 등이라고 말하였다면 게송에 불행복지佛行福智 등이라 말한 것으로 더불어 같지 않을까 염려한 까닭으로 소가의 회석이 있음에 이른 것일 뿐이다. 지금의 이 소본에 이미 第五가 빠지지 않았다면 옛날의 소본이 아니고, 또 법명(法名－攝持王)이 바로 게송(게송에는 執持王)으로 더불어 같다면 또한 소가가 의지한 바 어떤 본이 아니니, 그러한즉 이것은 반드시 설파(雪坡)가 북장경을 의지하여 보증한 것이라 하겠다. 바로 이 소문 아래 이미 청량스님이 의지한 바 어떤 본이 곧 저 남장경이라고 밝혔다면 곧 그 뜻은 지금의 소문이 스스로 이 북장경을 의지한 것임을 나타낸 것이니, 이러한즉 저 주註가 이미 만족한지라. 경문 아래에 거듭 북장경의 말을 의지하여 더할 필요가 없는 까닭으로 거듭 더함을 피하여 설하지 않아도 된다 할 것이다. 이상은 『잡화기』의 말이나 복잡하다. 소문을 읽으면 더 쉽고 그 뜻이 더 잘 나타난다. 위에 게송에 불행복지의 불행이란 게송 제일구에 불행광대부사의라 한 것이고, 복지란 제삼구에 도사공덕(福) 지혜해(海)라 한 것이다. 설파(雪坡－雪公)가 보증한 것이란, 1770년 징광사가 불이나 징광사 화엄판본이 소실되니, 그 뒤에 설파스님이 보증하여 영각사 판본을 만들었다. 이것도 6·25 때 소실되었다.

疏

五는 諸本多脫이나 遇有本하니 文云호대 大海處攝持力迦樓羅王은 得能竭衆生의 煩惱海하는 解脫門이라하니 多是古疏本脫일새 今依有本하니라 然이나 偈約能竭하야 說佛福智니라(今南藏엔 能竭衆生煩惱海라하니라)

다섯 번째는 모든 본本에 다분히 빠졌지만 어떤 본本[121]을 만나보니 그 문장에 말하기를 대해처섭지력 가루라왕은 능히 중생의 번뇌의 바다를 말리는 해탈문을 얻었다(得能竭衆生煩惱海解脫門) 하였으니, 다분히 옛날 소본疏本에 빠진 듯하기에 지금에는 어떤 본을 의지하여 넣었다.

그러나 게송에는 여기에 능히 말린다(能竭)는 것을 잡아서 부처님의 복덕[122]과 지혜를 설하였다.(지금의 남장경에는 능히 중생의 번뇌의 바다를 말린다고 하였다.)

---

121 어떤 본이라고 한 것은, 원元, 남장경 등이다. 고려, 송장경 등에는 전문全文이 없다.

122 복덕(福)이란, 게송에는 공덕功德이라 하였다.

經

堅法淨光迦樓羅王은 得成就無邊衆生差別智하는 解脫門하며

견법정광 가루라왕은 끝없는 중생 때문에 차별한 지혜를 성취하는 해탈문을 얻었으며,

疏

六은 衆生無邊일새 故成就智多라

여섯 번째는 중생이 끝이 없기에
그런 까닭으로 성취한 지혜도 많은 것이다.

經

妙嚴冠髻迦樓羅王은 得莊嚴佛法城하는 解脫門하며

묘엄관계 가루라왕은 불법의 성을 장엄하는 해탈문을 얻었으며,

疏

七은 城有三義하니 一은 防外敵이요 二는 養人衆이요 三은 開門引攝이라

일곱 번째는 성城에 세 가지 뜻이 있나니
첫 번째는 외적을 막는 것이요,
두 번째는 많은 사람을 길러 보호(養護)하는 것이요,
세 번째는 문을 열어 인도하여 섭수하는 것이다.

鈔

城有三義下는 文有二意하니 初는 解長行城義요 後는 會偈頌門義라 前中有三하니 初는 立城이니 三義라

성에 세 가지 뜻이 있다고 한 아래는 문장에 두 가지 뜻이 있나니
첫 번째는 장행長行에 성城의 뜻을 해석한 것이요,
뒤에는 게송偈頌에 문의 뜻을 회석한 것이다.[123]

앞에 장행의 성 가운데 세 가지가 있나니
처음에는 성을 세우는 것이니,
세 가지 뜻이 있다.

疏

今言法城은 通敎理行果니 行契理敎하면 則無不俱嚴故니라

지금에 말하기를 불법의 성이라고 한 것은 교敎·리理·행行·과果를 통석通釋한 것이니,
행行이 교敎·리理에 계합하면[124] 곧 함께 장엄하지 아니함이 없는 까닭이다.

鈔

次에 今言法城下는 出城之體라

---

123 뒤에는 게송偈頌에 문의 뜻을 회석한 것이라고 한 것은 영인본 화엄 3책, p.59, 8행이다.

124 행行이 교敎·리理에 계합한다고 한 것은, 여기에 과果를 거론하지 아니한 것은 바로 아래 구절에 함께 장엄하지 아니함이 없다(無不俱嚴)고 하였다면 과果의 뜻이 이미 그 가운데 있는 까닭으로 따로 과果를 상대相待하여 말하지 아니한 것이다. 강사는 과의 뜻은 영략되고 계契 자가 과의 뜻이라 하기도 한다 하였다. 이상은 『잡화기』의 말이다. 그러나 차라리 장엄(嚴)이 과의 뜻이라 할 것이다.

다음에 지금에 말하기를 불법의 성이라고 한 이하는 성의 자체를 설출한 것이다.

疏

各有三義하니 謂了心城之性空하면 則衆惑不入이요 見恒沙性德하면 則萬行爰增이요 道無不通하면 則自他引攝이라

각각 세 가지 뜻이 있나니,
말하자면 심성心城의 성품이 공함을 요달하면 곧 수많은 업혹이 들어가지 못할 것이요,
항하사 성덕性德을 보면 곧 만행이 이에 증장될 것이요,
도를 통하지 아니함이 없으면 곧 자기와 타인을 인도하여 섭수할 것이다.

鈔

三에 各有三義下는 別釋이니 敎理行果가 皆有防外敵等三이라 而四法爲三은 以理行合釋이니 非理면 不顯行이요 非行이면 不顯理故니라 謂若了心城之性空하면 則衆惑不入은 卽是第一에 防外敵義라 性空은 是理니 謂自性淨心이 不與妄合은 卽理防外敵이요 了空은 卽行이라 衆惑不入은 卽行爲城이니 名防外敵也니라 見恒沙性德하면 則萬行爰增은 卽是第二에 養人衆義라 恒沙性德은 是不空藏이니 是理所養이요 見卽行體라 萬行爰增은 卽行養人衆義니 以知法性

本寂이나 有大智慧하야사 增定慧等이라 道無不通하면 則自他引攝者는 第三에 開門引攝義라 道無不通은 言含二意니 一은 理卽是道니 無不通故로 卽開門引攝이요 二는 行契於道하면 則無所不通故로 能引攝二利之行이라

세 번째 각각 세 가지 뜻이 있다고 한 아래는 따로 해석(別釋)한 것이니,
교·리·행·과가 다 외적을 막는 등 세 가지 뜻이 있는 것이다.
그러나 사법四法[125]을 세 가지로 한 것은 이理·행行을 합하여 해석한 것이니
이理가 아니면 행行을 나타낼 수 없고, 행行이 아니면 이理를 나타낼 수 없는 까닭이다.

말하자면 만약 심성의 성품이 공함을 요달하면 곧 수많은 업혹이 들어가지 못할 것이라고 한 것은, 곧 이것은 첫 번째 외적을 막는다는 뜻이다.
성품이 공하다고 한 것은 이것은 이理이니,
말하자면 자성의 청정한 마음이 허망한 생각으로 더불어 합하지 않는 것은 곧 이理로 외적을 막는 것이요,
공을 요달한다고 한 것은 곧 행行이다.
수많은 업혹이 들어가지 못할 것이라고 한 것은 곧 행行으로 성城을

125 四法은, 교·리·행·과이다.

삼는 것이니
이름이 외적을 막는 것이다.

항하사 성덕을 보면 곧 만행이 이에 증장될 것이라고 한 것은, 곧 이것은 제 두 번째 많은 사람을 길러 보호한다는 뜻이다.
항하사 성덕이라고 한 것은 이것은 불공여래장不空如來藏이니[126]
이것은 이理로 길러 보호하는 바요,
본다(見)고 한 것은 곧 행行의 자체이다.
만행이 이에 증장된다고 한 것은 곧 행行으로 많은 사람들을 길러 보호한다는 뜻이니
법의 성품이 본래 고요한 줄 알지만 큰 지혜가 있어야 선정과 지혜 등을 증장하는 것이다.

도를 통하지 아니함이 없으면 곧 자기와 타인을 인도하여 섭수할 것이라고 한 것은 제 세 번째 문을 열어 인도하여 섭수한다는 뜻이다.
도를 통하지 아니하면이라고 한 것은 그 말이 두 가지 뜻을 포함하고 있나니,
첫 번째는 이理가 곧 이 도道이니 통하지 아니함이 없는 까닭으로 곧 문을 열어 인도하여 섭수하는 것이요,
두 번째는 행行이 도道에 계합하면 곧 통하지 않는 바가 없는 까닭으로

126 항하사 성덕이라고 한 것은 이것은 불공여래장不空如來藏이라고 한 것은 세 가지 뜻 가운데 제 두 번째 뜻이고, 첫 번째 뜻에 심성心城의 성품이 공하다고 한 것은 공여래장이다.

능히 자리·이타의 두 가지 행을 인도하여 섭수하는 것이다.

疏

便能契果하면 絶百非하야 以成解脫하고 養衆德하야 以全法身하고 開般若하야 而無不通矣리니

문득 능히 과果에 계합하면 백비百非를 끊어서 해탈을 성취하고
수많은 공덕을 길러 보호하여 법신을 온전히 하고
반야를 열어 통하지 아니함이 없을 것이니

鈔

便能契下는 約果城하야 說三義니 果由理行故로 便能卽契하면 果位三德이 爲涅槃城之三義矣니라

문득 능히 과에 계합한다고 한 아래는 과果의 성城을 잡아서 세 가지 뜻을 설한 것이니,
과果가 이理·행行을 인유한 까닭으로 문득 능히 곧 과위에 계합하면 과위果位의 삼덕三德[127]이 열반성城의 세 가지 뜻이 되는 것이다.

---

127 과위果位의 삼덕三德이라고 한 것은, 부처님의 삼덕이니, 지덕智德과 단덕斷德과 은덕恩德이다. 열반성의 세 가지 뜻이라고 한 것은, 열반의 삼덕이니, 법신과 반야와 해탈이다.

疏

方顯教城엔 無非하며 養所詮旨하며 句句通神하니라

바야흐로 교성教城에는 백비百非가 없으며[128]
소전所詮의 뜻을 길러 보호하며
구절구절이 신성神聖에 통함을 나타내는 것이다.

鈔

方顯教城下는 第三에 由上三城이 皆因能詮하야 方顯教城이라 三義는 可思니라

바야흐로 교성에는 백비가 없다는 등을 나타낸다고 한 아래는 제 세 번째 위에 삼성三城[129]이 다 능전能詮을 원인함을 인유하여 바야흐로 교성教城을 나타낸 것이다.
세 가지 뜻은 가히 생각하면 알 수 있을 것이다.

---

128 교성教城에는 백비百非가 없다고 한 것은, 첫 번째 외적을 막는다 한 뜻이고,
소전所詮의 뜻을 길러 보호한다고 한 것은, 두 번째 많은 사람을 길러 보호한다는 뜻이고,
구절구절이 신성에 통한다고 한 것은, 세 번째 문을 열어 인도하여 섭수한다 한 뜻이다.

129 삼성三城이라고 한 것은, 이理와 행行과 과果이다.

疏

有斯多義일새 故偈云호대 廣大叵窮이라하고 重重四門일새 故無數量이라하니 究竟能闡은 唯我世尊이니라

이런 수많은 뜻이 있기에 그런 까닭으로 게송에 말하기를 광대하여 다할 수 없다[130] 하였고,
중중重重으로 사문四門이 있기에 그런 까닭으로 수량數量이 없다[131]고 하였으니,
구경究竟에 열어 밝히는 것은 오직 우리 세존뿐이다.

鈔

有斯多義下는 二에 會釋偈文이라 重重四門者는 且第一重에 卽是四句니 謂一은 有門이요 二는 空門이요 三은 亦空亦有門이요 四는 非空非有門이라 天台는 以斯歷於四敎니 則有四箇四門이라 略如前玄談中辯거니와 今且於一重四句中에 更有四重四門이라 然이나 執著成見하고 取成四謗거니와 得意爲門이니 今取門義니라

이런 수많은 뜻이 있다고 한 아래는 두 번째 게송문을 회석한 것이다. 중중으로 사문이 있다[132]고 한 것은 우선 제일중第一重[133]에 곧 사구四

130 원문에 광대파궁廣大叵窮은, 게송에는 광대불가궁廣大不可窮이라 하였다.
131 원문에 무수량無數量은, 게송에는 종종무수량種種無數量이라 하였다.
132 중중으로 사문이 있다고 한 것은, 유有·무無와 상常·무상無常과 아我·무아無

句가 있나니,

말하자면

첫 번째는 유문有門이요,

두 번째는 공문空門이요,

세 번째는 역공역유문亦空亦有門이요,

네 번째는 비공비유문非空非有門이다.

천태天台[134]는 이 사문四門으로써 사교四教[135]를 차례로 거론하였

---

我로 내지 만행萬行에 이르기까지 무릇 사문四門을 이루나니, 모두 다 이 중중重重이라는 두 글자 가운데 섭수되는 것이다. 이상은 『잡화기』의 말이다.

133 제일중이라고 한 것은, 말하자면 수많은 중중重重이 있지만 우선 유무有無 등 일중一重의 사구四句만 따로 언급한 까닭으로 제일중이라 한 것이니, 이것은 단수사구이며 또한 총괄사구이다. 이상은 『잡화기』의 말이다.

134 천태天台라고 한 것은, 천태는 단수사구로써 사교四教에 분배하고, 또 매 교教 가운데 각각 사문四門이 있기에 그런 까닭으로 사중으로 사구를 이루는 것이다. 『현담』 황자권黃字卷 5장과 45장과 50장을 보면 알 수 있다. 이상은 『잡화기』의 말이다.

135 사교라고 한 것은, 장교藏教는 인연으로 생멸하는 사진제四眞諦의 이치를 밝힌 것이니, 유문有門으로 『중론中論』의 제일구이다.

통교通教는 인연이 곧 공하여 생멸이 없는 사진제의 이치를 밝힌 것이니, 공문空門(대승의 초문)으로 『중론中論』의 제이구이다.

별교別教는 인연의 거짓으로 한량없는 사진제의 이치를 밝힌 것이니, 비유비무문非有非無門(不空二乘門)으로 『중론中論』의 제삼구이다.

원교圓教는 부사의인연의 이제중도二諦中道, 즉 조작이 없는 사제의 이치를 밝힌 것이니, 역유역무문亦有亦無門으로 『중론中論』의 제사구이다.

모두 『현담』 제사권 장교소섭藏教所攝 가운데 교섭教攝에 있는 말이니, 역시 황자권 5장과 45장과 50장이다. 영인본 화엄 2책, p.814, 6행, 『중론』 사구四句

으니,

곧 네 개의 사문四門이 있다.

간략하게는 『현담玄談』[136] 가운데 가린 것과 같거니와, 지금에는 또한 일중一重의 사구 가운데 다시 사중四重의 사문四門이 있다.

그러나 집착하면 사견四見을 이루고

취착하면 사방四謗을 이루거니와[137]

뜻을 얻으면 문門이 되나니,

지금에는 문門의 뜻을 취한 것이다.

言四重者는 一은 卽單四句니 如向所說이라 二는 複四句니 謂一은 有有와 有無요 二는 無有와 無無요 三은 亦有亦無有와 亦有亦無無요 四는 非有非無有와 非有非無無라 而言複者는 四句之中에 皆說有無故라 第三은 具足四句者니 四句之中에 皆具四故라 第一의 有句에

---

도 참고로 비견하여 볼 것이다.

『중론』의 제일구는 인연소생법因緣所生法이고,

『중론』의 제이구는 아설즉시공我說卽是空이고,

『중론』의 제삼구는 역위시가명亦爲是假名이고,

『중론』의 제사구는 역시중도의亦是中道義이다.

136 『현담』이란, 황자권 장교소섭이다.

137 원문에 취성사방取成四謗은, 有가 없으면 증익방增益謗을 이루고 無가 없으면 손감방損減謗을 이루고 非有非無가 없으면 상위방相違謗을 이루고 亦有亦無가 없으면 희론방戲論謗을 이룬다는 것이다. 취取는 四見에 取着한다는 의미가 담겨 있다.

具四者는 謂一은 有有요 二는 有無요 三은 有의 亦有亦無요 四는 有의 非有非無라 第二의 無句中에 四者는 一은 無有요 二는 無無요 三은 無의 亦有亦無요 四는 無의 非有非無라 第三의 亦有亦無에 具四者는 一은 亦有亦無有요 二는 亦有亦無無요 三은 亦有亦無의 亦有亦無요 四는 亦有亦無의 非有非無라 第四의 非有非無에 具四者는 一은 非有非無의 有요 二는 非有非無의 無요 三은 非有非無의 亦有亦無요 四는 非有非無의 非有非無라 上四四의 一十六句가 爲具足四句라 第四는 絶言四句者니 一은 單四句外에 一絶言이요 二는 複四句外에 一絶言이요 三은 具足四句外에 一絶言이니 有三絶言이라

사중四重이라고 말한 것은
첫 번째는 곧 단수사구이니 향전[138]에 설한 것과 같다.
두 번째는 복수사구이니, 말하자면
첫 번째는 유有의 유有와[139] 유有의 무無요
두 번째는 무無의 유有와 무無의 무無요
세 번째는 역유역무亦有亦無의 유有와 역유역무의 무無요
네 번째는 비유비무非有非無의 유有와 비유비무의 무無이다.
그러나 복수라고 말한 것은 사구 가운데 다 유有·무無를 설한 까닭이다.

---

138 향전이란, 영인본 화엄 3책, p.59, 말행에 제일 중 사구이다.

139 첫 번째 유유라고 한 등은, 해석하여 말하기를 有도 有하고 無도 有하고 내지 有도 非有非無하고 無도 非有非無하나니, 아래는 다 여기를 본받을 것이다. 역시 『잡화기』의 말이다.

제 세 번째는 구족具足 사구이니,

사구 가운데 다 사구를 구족한 까닭이다.

첫 번째 유구有句에 사구를 구족한 것은 말하자면

첫 번째는 유有의 유有요

두 번째는 유有의 무無요

세 번째는 유有의 역유역무요

네 번째는 유有의 비유비무이다.

두 번째 무구無句 가운데 사구는

첫 번째는 무無의 유有요

두 번째는 무無의 무無요

세 번째는 무無의 역유역무요

네 번째는 무無의 비유비무이다.

세 번째 역유역무에 사구를 구족한 것은

첫 번째는 역유역무의 유有요

두 번째는 역유역무의 무無요

세 번째는 역유역무의 역유역무요[140]

네 번째는 역유역무의 비유비무이다.[141]

네 번째 비유비무에 사구를 구족한 것은

첫 번째는 비유비무의 유有요

두 번째는 비유비무의 무無요

---

140 세 번째는 역유역무유의 역유역무무라는 뜻이다.

141 네 번째는 역유역무무의 비유비무무라는 뜻이다.

세 번째는 비유비무의 역유역무요[142]

네 번째는 비유비무의 비유비무이다.[143]

이상에 사사(四×四)의 십육 구절이 구족사구가 되는 것이다.

제 네 번째는 절언사구絶言四句이니

첫 번째는 단수사구 밖에 하나의 절언사구가 있는[144] 것이요

두 번째는 복수사구 밖에 하나의 절언사구가 있는 것이요

세 번째는 구족사구 밖에 하나의 절언사구가 있는 것이니

세 가지 절언사구三絶言四句가 있는 것이다.

若爲見釋인댄 上諸四見에 一一皆有八十八使相應이니 是見은 卽外道見故니라 若約佛法인댄 歷四教의 四門하야 各生四見이요 又一種四句에도 各一絶言이라 如是一一이 亦各有八十八使와 六十二見과 百八等惑이라 若破諸見인댄 一一見破하야 一一成門일새 故云重重四門이라하니라 又重重者는 如一有無門에 具諸四句인댄 則歷常無常과 我與無我等하야 亦有多四句니 謂一은 有의 無常이요 二는 無의 無常이요 三은 亦有亦無의 無常이요 四는 非有非無의 無常等이라

---

142 세 번째는 비유비무유의 비유비무무라는 뜻이다.

143 네 번째는 비유비무무의 비유비무무라는 뜻이다.

144 단수사구 밖에 하나의 절언사구가 있다고 한 등은, 단수사구의 낱낱 구절이 절언絶言인 까닭으로 단수사구 가운데 하나의 절언사구가 있나니, 복수사구와 구족사구도 이와 같다. 『잡화기』는 단수사구 가운데 하나의 절언사구 등이 있나니, 이것은 곧 천태가 따로 돈교의 뜻을 세우지 아니한 것이다 하였다.

又歷萬行인댄 謂布施等이니 如云호대 一은 有의 布施요 二는 無의 布施요 三은 亦有亦無의 布施요 四는 非有非無布施等이라하니라

만약 견見으로 해석한다면 위의 모든 사견四見에 낱낱이 다 팔십팔사八十八使의 상응相應이 있나니,[145]
이 견見은 곧 외도의 소견見인 까닭이다.
만약 불법을 잡는다면 사교四教의 사문四門을 차례로 하여 각각 사견四見을 내고 또 일종一種의 사구에도 각각 하나의 절언사구가 있다.
이와 같이 낱낱이 또한 각각 팔십팔사와 육십이견과 백팔 등의 번뇌(惑)[146]가 있다.
만약 제견諸見을 깨뜨린다면 낱낱 소견見이 깨뜨려져서 낱낱이 문門을 이루기에 그런 까닭으로 말하기를 중중으로 사문이 있다고[147]

---

145 사견四見에 낱낱이 다 팔십팔사가 있다고 한 것은, 낱낱 구절 가운데 다 팔십팔의 제혹諸惑이 있다. 사견이라고 한 것은, 견취見取 등 사견이 아니라 유·무 등 사구의 소견(見)이다.

146 백팔 등의 번뇌(惑)라고 한 것은, 견도혹의 팔십팔사와 수도혹의 십혹十惑과 무참·무괴·혼침·악작·뇌惱·질·도회·수면·분·복覆의 십전十纏을 백팔번뇌라 한다. 또 육근과 육진에 호好와 오惡와 평등平等의 세 가지를 곱하면 36이 되고, 이 36에 삼세를 곱하면(36×3) 108번뇌가 된다.

147 그런 까닭으로 말하기를 중중으로 사문이 있다고 한 등은, 이것은 곧 다만 유·무 등의 일중사구一重四句 가운데만 취하여 스스로 중중사구를 이루는 것이다. 소문에 모두 거론하여 중중이라 말한 것으로 더불어 같지 않나니, 이것은 곧 별의 뜻을 맺고 총의 뜻에 귀속하는 것이다.

한 것이다.

또 중중重重이라고 한 것은 만약 하나의 유有·무문無門에[148] 모든 사구四句를 갖추게 되면 곧 상常과 무상無常과 아我와 무아無我 등을 차례로 하여 또한 많은 사구가 있게 되나니, 말하자면

첫 번째는 유有의 무상無常이요

두 번째는 무無의 무상이요

세 번째는 역유역무의 무상이요

네 번째는 비유비무의 무상 등이다.

또 만행萬行을 차례로 거론한다면 말하자면 보시 등이니,

저에 이르기를 첫 번째는 유有의 보시요[149]

두 번째는 무無의 보시요

세 번째는 역유역무의 보시요

네 번째는 비유비무의 보시 등이라 하였다.

---

148 만약 하나의 유·무문이라 한 등은, 말하자면 이 위에는 유·무 등의 사문으로써 스스로 유·무 등을 바라본 까닭으로 복사구(複四句－單四句의 반대) 등 모든 사구가 있었거니와, 지금에 또 유·무 등 사문으로써 저 상·무상 등을 바라보아도 또한 수많은 사구가 있나니, 이러한즉 이것이 오히려 이 유·무문 가운데 설한 것이라 할 것이다. 이미 이 유·무의 일문이 스스로 유·무 등을 바라보고 저 다른 유무 등을 바라봄에 수많은 중중의 사구가 있은즉 그 상·무상 등도 낱낱이 다 그러하나니, 진실로 법문이 무량·무수하여 가히 얻어 다 말할 수 없는 것이다. 이상은 다 『잡화기』의 말이다.

149 유有의 보시라고 한 등은, 영인본 화엄 3책, p.330, 4행에 사구분별四句分別이라고 한 것은 운운하여 보시 가운데 사구는(施中四句) 운운한 것을 보면 조금은 참고가 될 것이다.

經

普捷示現迦樓羅王은 得成就不可壞平等力하는 解脫門하며

보첩시현 가루라왕은 가히 무너뜨릴 수 없는 평등한 힘을 성취하는 해탈문을 얻었으며,

疏

八은 法身無相일새 故不可壞요 體卽眞如일새 凡聖平等이요 無分別智로 安住證會일새 名成就力이라

여덟 번째는 법신은 모습이 없기에 그런 까닭으로 가히 무너뜨릴 수 없는 것이요,
자체가 곧 진여이기에 범부와 성인이 평등한 것이요,
무분별지로 편안히 머물러 증득하여 알기에 평등한 힘을 성취한다 이름한 것이다.

經

普觀海迦樓羅王은 得了知一切衆生身하야 而爲現形하는 解脫門하며

보관해 가루라왕은 일체중생의 몸을 요달하여 알고 형상을 나타내는 해탈문을 얻었으며,

疏

九는 現同類形하야 方便調伏이라

아홉 번째는 동류同類의 형상을 나타내어
방편으로 조복하는 것이다.

經

龍音大目精迦樓羅王은 得普入一切衆生의 歿生行智의 解脫門 하니라

용음대목정 가루라왕은 널리 일체중생이 죽었다가 태어나는 행업에 들어가는 지혜의 해탈문을 얻었습니다.

疏

十은 衆生歿生은 皆由行業이니 佛生死智라사 方能普入이라

열 번째는 중생이 죽었다가 태어나는 것은 다 행업을 인유한 것이니, 부처님의 생사의 지혜라야 바야흐로 능히 들어갈 수 있는 것이다.

經

爾時에 大速疾力迦樓羅王이 承佛威力하야 普觀一切迦樓羅衆하고 而說頌言호대

그때 대속질력 가루라왕이 부처님의 위신력을 받아 널리 일체 가루라왕의 대중을 관찰하고 게송을 설하여 말하기를,

疏

頌文如次하니 配釋可知라

게송의 문장은 차례와 같나니
장행문에 배속하여 해석하면 가히 알 수가 있을 것이다.

經

佛眼廣大無邊際하사　普見十方諸國土하시니
其中衆生不可量거늘　現大神通悉調伏이니다

佛神通力無所礙하사　遍坐十方覺樹下하야
演法如雲悉充滿케하시니　寶髻聽聞心不逆이니다

佛於往昔修諸行하사　普淨廣大波羅蜜케하며
供養一切諸如來하시니　此速疾王深信解이니다

如來一一毛孔中에　一念普現無邊行하시니
如是難思佛境界를　不退莊嚴悉明覩이니다

佛行廣大不思議하사　一切衆生莫能測이니
導師功德智慧海는　此執持王所行處이니다

부처님의 눈은 광대하여 끝이 없어서
널리 시방의 모든 국토를 보시니
그 가운데 중생이 가히 헤아릴 수 없거늘
큰 신통을 나타내어 다 조복하십니다.

부처님의 신통력은 걸리는 바가 없어서

시방의 깨달음의 나무 아래에 두루 앉아
법을 연설하시되 구름과 같이 다 충만케 하시니
불가괴보계 가루라왕이 듣고 마음에 거역하지 아니하였습니다.

부처님이 지나간 옛날에 모든 행을 닦아
널리 광대한 바라밀을 청정케 하시며
일체 모든 여래에게 공양하셨나니
이것은 청정속질 가루라왕이 깊이 믿어 알았습니다.

여래의 낱낱 털구멍 가운데
한 생각에 널리 끝없는 행을 나타내시니
이와 같은 사의하기 어려운 부처님의 경계를
불퇴심장엄 가루라왕이 다 분명하게 보았습니다.

부처님의 행은 광대하여 사의할 수 없어서
일체중생이 능히 측량할 수 없나니
도사의 그 공덕과 지혜의 바다는
이 대해처집지력[150] 가루라왕이 행한 바 처소입니다.

疏

但第五偈는 或有前脫일새 故略釋之리라 初二句는 甚深廣大요

---

150 집지력은, 장행문에 섭지력이라 하였다.

次句는 福智相嚴이라 行通因果니 因深果遠이 已不思議라 復有一行하니 是如來行이라 所謂大乘大般涅槃은 則行爲果果니 皆絶言道니라 佛行은 如出現品하니라

다만 제 다섯 번째 게송은 혹 앞에 빠진 것이 있기에
그런 까닭으로 간략하게 해석하겠다.
처음에 두 구절은 깊고 깊고도 광대한 것이요,
다음 구절은 복덕과 지혜를 서로 장엄한 것이다.
부처님의 행은 원인(因)과 과보(果)에 통하나니
원인이 깊고 과보가 먼 것이 이미 사의할 수 없다는 것이다.
다시 한 가지 행이 있으니 이것은 여래의 행이다.
말하자면 대승의 대반열반이라 한 것은 곧 행行이 과과果果가 되는 것이니 다 절언絶言의 도道이다.
부처님의 행은 여래출현품에 말한 것과 같다.[151]

鈔

復有一行하니 是如來行은 卽涅槃第十一이니 至下當引하리라

다시 한 가지 행이 있으니[152] 이것은 여래의 행이라고 한 것은 곧

151 여래출현품에 말한 것과 같다고 한 것은, 곧 해자권海字卷에 있다.

152 다시 한 가지 행이 있다고 한 등은, 위에는 인행과 과행을 잡은즉 인행은 깊고 과행은 먼 까닭으로 이미 사의하기 어려움을 이루는 것이요, 지금에는

『열반경』 제십일권이니,

아래[153]에 이르러 다시 인용하겠다.

---

곧바로 대열반의 과보로써 부처님의 행이라고 명목한즉 과보의 바다는 말을 떠난 까닭으로 더욱 가히 사의할 수 없는 것이다. 그렇다면 곧 과행果行은 이 과보의 작용이고 과과果果는 이 과보의 자체이다라고 『잡화기』는 말하고 있다.

153 아래란, 역시 소문에서 말한 출현품이니 해자권海字卷이다.

經

如來無量智慧光으로　能滅衆生癡惑網하시며
一切世間咸救護하시니　此是堅法所持說이니다

法城廣大不可窮하며　其門種種無數量거늘
如來處世大開闡하시니　此妙冠髻能明入이니다

一切諸佛一法身은　眞如平等無分別거늘
佛以此力常安住하시니　普捷現王斯具演이니다

佛昔諸有攝衆生할재　普放光明遍世間하야
種種方便示調伏하시니　此勝法門觀海悟이니다

佛觀一切諸國土가　悉依業海而安住하시고
普雨法雨於其中하시니　龍音解脫能如是이니다

여래가 한량없는 지혜의 광명으로
능히 중생의 어리석은 번뇌의 그물을 멸제하시며
일체 세간을 다 구호하시니
이것은 견법정광 가루라왕이 가져 설한 바입니다.

불법의 성은 광대하여 가히 다할 수 없으며

그 문門도 가지가지 수량이 없거늘
여래가 세간에 거처하여 크게 여시니
이것은 묘엄관계 가루라왕이 능히 분명하게 들어갔습니다.

일체 모든 부처님의 한 법신은
진여로 평등하여[154] 분별이 없거늘
부처님이 이 힘[155]으로써 항상 편안히 머무시니
보첩시현 가루라왕이 이것을 갖추어 연설하였습니다.

부처님이 옛날에 제유諸有에서 중생을 섭수할 때
널리 광명을 놓아 세간에 두루하여
가지가지 방편으로 형상을 시현하여 조복하셨으니
이 수승한 법문은 보관해 가루라왕이 깨달았습니다.

부처님은 일체 모든 국토가
다 업의 바다를 의지하여 안주하는 줄 아시고
널리 진리의 비를 그 가운데 내리시니
용음대목정 가루라왕의 해탈이 능히 이와 같았습니다.

---

154 법신은 진여로 평등하다고 한 것은, 장행 소문에 법신 자체를 진여라 한다 하였다.

155 이 힘이라고 한 것은, 평등하여 분별이 없는 힘이니, 장행문에는 가히 무너뜨릴 수 없는 평등한 힘이라 하였다.

經

復次 羅睺阿脩羅王은 得現爲大會尊勝主하는 解脫門하며

다시 라후 아수라왕은[156] 대회大會에 높고 수승한 주인[157]이 됨을 시현하는 해탈문을 얻었으며,

疏

第八은 阿修羅王이니 十法이라 一은 修羅尊勝이 等須彌之高요 如來威光이 蔽十方大衆에 衆生이 各見眞勝主也니라

제 여덟 번째는 아수라왕이니
십법이 있다.
첫 번째는 아수라의 높고 수승한 것이 수미산이 높은 것과 같은 것이요,
여래의 위엄스런 광명이 시방의 대중을 덮음에 중생이 각각 진실로 수승한 주인을 보는 것이다.

---

156 라후 아수라왕 이하는 첫 번째 구호일체중생회향에 속한다.

157 높고 수승한 주인이라고 한 것은, 또한 왕에 나아가고 부처님에 나아가는 두 가지 뜻에 통하거늘, 어떤 사람이 말하기를 높고 수승한 것이라고 한 것은 왕에 속하고, 주인(主)이라고 한 것은 저 부처님에 속한다고 한 것은 그 뜻이 아닐까 염려된다. 역시 『잡화기』의 말이다.

經

毘摩質多羅阿脩羅王은 得示現無量劫하는 解脫門하며

비마질다라 아수라왕은 한량없는 세월에 시현하는 해탈문을 얻었으며,

疏

二는 彼能以一絲로 作種種事하야 令一刹那에 現於多劫에 調生等事니라

두 번째는 저 부처님이 능히 한 가닥 실로써 가지가지 일을 지어 하여금 한 찰나에 수많은 세월에 중생을 조복하게 하는 등의 일을 나타낸 것이다.

經

巧幻術阿脩羅王은 得消滅一切衆生苦하야 令淸淨케하는 解脫門하며

교환술 아수라왕은 일체중생의 고통을 소멸하여 하여금 청정케 하는 해탈문을 얻었으며,

疏

三은 以多法門으로 入佛境界하면 則苦滅心淨하나니 種種法門이 亦如幻也니라 下云호대 苫末羅는 卽巧幻이니 梵音이라

세 번째는 수많은 법문으로써 부처님의 경계에 들어가면 곧 고통이 사라지고 마음이 청정하여지나니
가지가지 법문이 또한 환화幻化와 같은 것이다.
아래 게송에 말하기를 점말라苫末羅[158]라고 하는 것은 곧 교환巧幻이라는 뜻이니
인도말(梵音)이다.

---

158 점말라苫末羅는 西域의 바닷가 낭떠러지에 있는 나무 이름이니, 번역하면 황잡색黃雜色이다. 금시조가 오면 이 나무에 산다고 하였다. 역시 『잡화기』의 말이다.

經

大眷屬阿脩羅王은 得修一切苦行하야 自莊嚴하는 解脫門하며

대권속 아수라왕은 일체 고행을 닦아 스스로 장엄하는 해탈문을 얻었으며,

疏

四는 多劫多苦는 爲物非己니 如尸毘救鴿하고 薩埵投崖하나니 已是丈夫가 最勝嚴飾이어든 況終剋寂智하야 萬德以嚴이리요 翻顯無利勤苦가 誠爲可醜니라 旣爲物而行일새 故有大眷屬이라

네 번째는 수많은 세월에 수많은 고행을 한 것은 중생을 위한 것이고 자기를 위한 것이 아니다.
마치 시비왕尸毘王이 비둘기를 구하고 상제常啼보살[159]이 낭떠러지에서 뛰어내린 것과 같나니,
이미 이것은 대장부가 가장 수승하게 장엄하여 꾸민 것이어든,
하물며 적멸의 지혜를 마침내 극복하여 만덕으로 장엄한 것이겠는가.[160]
이익 없이 부지런히 고행을 하는 것이 진실로 가히 추함이 됨을

159 시비왕과 상제보살은, 초문에 있다. 살타薩埵는, 살타파륜薩埵波崙이니 곧 상제常啼이다.

160 적멸의 지혜는 자리이고, 만덕으로 장엄한 것은 이타이다.

도리어 나타낸 것이다.
이미 중생을 위하여 고행을 하였기에 그런 까닭으로 대권속이 있게 되는 것이다.

鈔

如尸毘王救鴿은 卽智論第五와 及報恩經이니 皆本師本行이니 如常所知니라

시비왕이 비둘기를 구한 것[161]과 같다고 한 것은 곧 『지도론』 제오권과 그리고 『보은경』이니,
다 본사 석가모니의 본행本行이니 평상시에 아는 바와 같다.

---

161 시비왕이 비둘기를 구한 것이라고 한 것은, 인도에 고대의 시비왕이 매에게 쫓기는 비둘기를 구하기 위하여 자기의 살을 매에게 준 것을 말하는 것이다. 상제보살이 낭떠러지에 뛰어내린 것이라고 한 것은, 상제보살이 중생이 고통의 세계에 있고 부처님이 없는 세상에 태어나 걱정하여 우니 용과 귀신 등이 상제常啼, 즉 항상 우는 사람이라 하였다. 『대반야경』 27권에 나온다. 그러나 『불교사전』에는 『지도론』 96권에 있다 하였다.

經

婆稚阿脩羅王은 得震動十方의 無邊境界하는 解脫門하며

바치 아수라왕은 시방의 끝없는 경계를 진동하는 해탈문을 얻었으며,

疏

五는 以大幻通力으로 動剎悟機나 不怖衆生이 斯爲大力이니 大力婆稚는 華梵異耳니라

다섯 번째는 큰 환화의 신통력으로써 국토를 진동하여 중생을 깨닫게 하지만 중생을 두렵게 하지 않는 것이 이것이 대력大力[162]이 되는 것이니,
대력과 바치는 중국말과 인도말의 차이일 뿐이다.

162 대력大力이라고 한 것은, 바치를 게송에서는 대력이라 하였다. 바치는 번역하면 대력이다.

經

遍照阿脩羅王은 得種種方便安立一切衆生하는 解脫門하며

변조 아수라왕은 가지가지 방편으로 일체중생을 안립하는 해탈문을 얻었으며,

疏

六은 開種種權門하야 安衆生을 於一極之樂이라 權爲入大之本일새 故皆佛智因이니 權實不迷가 斯爲遍照니라

여섯 번째는 가지가지 방편문을 열어서 중생을 하나의 지극한 즐거움에 안립하는 것이다.
방편(權)은 대승에 들어가는 근본이 되기에 그런 까닭으로 다[163] 불지佛智의 원인(因)이 되는 것이니,
방편과 진실을 미혹하지 않는 것이 이것이 변조遍照가 되는 것이다.

---

163 다(皆)라고 한 것은, 방편이 모두 다란 말이다.

經

堅固行妙莊嚴阿脩羅王은 得普集不可壞善根하야 淨諸染著케 하는 解脫門하며

견고행묘장엄 아수라왕은 가히 무너뜨릴 수 없는 선근을 널리 모아서 모든 염착染着을 청정케 하는 해탈문을 얻었으며,

疏

七은 萬善順理하야 普不可壞가 斯解脫處니 何染不亡이리요 功歸正覺일새 故偈云호대 佛力이라하니 如是修者가 堅固妙嚴이라

일곱 번째는 만 가지 선근으로 이치를 따라 널리 가히 무너뜨릴 수 없는 것이 이것이 해탈의 처소이니,
무슨 염착인들 없애지 못하겠는가.
공덕[164]이 정각에 돌아가기에 그런 까닭으로 게송에 말하기를 부처님의 힘(佛力)이라 하였으니,
이와 같이 수행하는 사람이 견고행묘장엄인 것이다.

---

164 공덕(功)이란, 게송에는 복덕의 바다(福海)라 하였다.

經

廣大因慧阿脩羅王은 得大悲力으로 無疑惑主의 解脫門하며

광대인혜 아수라왕은 대비의 힘으로 의혹을 없게 하는 주인의 해탈문을 얻었으며,

疏

八은 悲用智故로 普令無疑니 主斯事者가 廣大因慧니라

여덟 번째는 대비가 지혜를 사용하는 까닭으로
널리 하여금 의혹이 없게 하는 것이니,
이 사실을 주간하는 사람이 광대인혜인 것이다.

經

現勝德阿脩羅王은 得普令見佛하고 承事供養하고 修諸善根케 하는 解脫門하며

현승덕 아수라왕은 널리 하여금 부처님을 친견하고 받들어 섬겨 공양하고 모든 선근을 닦게 하는 해탈문을 얻었으며,

疏

九는 供事修善하면 有勝德故라

아홉 번째는 공양하고 섬겨 선근을 닦으면
수승한 공덕이 있는 까닭이다.

經

善音阿脩羅王은 得普入一切趣하야 決定平等行하는 解脫門하니라

선음 아수라왕은 널리 일체취一切趣에 들어가서 결정코 평등하게 수행하는 해탈문을 얻었습니다.

疏

十에 普入諸趣는 明處無不遍이요 偈云三世는 時無不均이요 同有佛性은 名爲決定이니 具上三義를 平等行焉이라 不宣實義면 非善音也라 此上一段과 及後夜神은 皆結歸名이니 上下例然이나 恐繁不釋이라

열 번째 널리 제취諸趣에 들어간다고 한 것은 곳곳마다 두루하지 아니함이 없음을 밝힌 것이요,
게송에 말하기를 삼세라고 한 것은[165] 때때로 고르게 가지 아니함이 없음을 밝힌 것이요,
모두 다 불성이 있는 것은 이름하여 결정決定이라 하나니,
이상에 세 가지 뜻을 갖춘 것을 평등하게 수행한다 한 것이다.

---

165 원문에 게운삼세시무불균偈云三世時無不均이라고 한 것은, 게송에서 삼세라고 한 것은 부처님이 三世에 수행하실 때에 諸趣에 다 가서 전회轉回하였다는 것이다.

그리고 진실한 뜻을 선설하지 아니하면 선음이 아니다.

이 위에 일단一段[166]과 그리고 뒤에 주야신[167]은 다 맺어 이름에 귀결시켰으니,[168]

상上·하下에 예例가 그러하지만 번잡할까 염려하여 해석하지 않는다.

166 이 위에 일단一段이란, 아수라이다.

167 뒤에 주야신이란, 영인본 화엄 3책, p.80, 3행이다.

168 원문에 개결귀명운운皆結歸名云云은 다 결론적으로 위에 수라왕과 아래 주야신의 이름으로 귀결시켰다는 뜻이다.

經

爾時에 羅睺阿脩羅王이 承佛威力하야 普觀一切阿脩羅衆하고 而說頌言호대

그때 라후 아수라왕이 부처님의 위신력을 받아 널리 일체 아수라 대중을 관찰하고 게송을 설하여 말하기를,

疏

頌文如次니 可知라

게송의 문장은 차례와 같나니
가히 알 수가 있을 것이다.

經

十方所有廣大衆에　佛在其中最殊特하시며
光明遍照等虛空하야　普現一切衆生前이니다

百千萬劫諸佛土를　一刹那中悉明現하시고
舒光化物靡不周하시니　如是毘摩深讚喜이니다

如來境界無與等하사　種種法門常利益케하시고
衆生有苦皆令滅케하시니　苫末羅王此能見이니다

無量劫中修苦行하사　利益衆生淨世間일새
由是牟尼智普成하시니　大眷屬王斯見佛이니다

無礙無等大神通으로　遍動十方一切刹하사대
不使衆生有驚怖케하시니　大力於此能明了이니다

佛出於世救衆生코자　一切智道咸開示하사
悉令捨苦得安樂케하시니　此義遍照所弘闡이니다

世間所有衆福海를　佛力能生普令淨케하시며
佛能開示解脫處하시니　堅行莊嚴入此門이니다

佛大悲身無與等하사　　周行無礙悉令見케호미
猶如影像現世間하시니　因慧能宣此功德이니다

希有無等大神通으로　　處處現身充法界케하사
各在菩提樹下坐하시니　此義勝德能宣說이니다

如來往修三世行에　　諸趣輪迴靡不經하고
脫衆生苦無有餘하시니　此妙音王所稱讚이니다

시방에 있는 바 광대한 대중에
부처님이 그 가운데 최고로 수특하게 계시며
광명은 두루 비쳐 허공과 같아서
널리 일체중생 앞에 나타나셨습니다.

백·천·만 세월에 부처님의 모든 국토를
한 찰나 가운데 다 밝게 나타내시고
광명을 펴 중생을 교화하되 두루하지 아니함이 없으시니
이와 같은 것은 비마질다라 아수라왕이 깊이 찬탄하고 환희했습니다.

여래의 경계는 더불어 같을 이가 없어
가지가지 법문으로 항상 이익케 하시고
중생이 고통이 있으면 다 하여금 멸제케 하시니
점말라[169] 아수라왕이 이것을 능히 보았습니다.

한량없는 세월 가운데 고행을 닦아
중생을 이익케 하고 세간을 청정케 하시려 하기에
이것을 인유하여 부처님(牟尼)이 지혜를 널리 성취하시니
대권속 아수라왕이 이에 부처님을 보았습니다.

걸림도 없고 같을 수도 없는 큰 신통으로
시방에 일체 국토를 두루 진동하시지만
중생으로 하여금 놀라 두려워함이 있지 않게 하시니
대력[170] 아수라왕이 이것을 능히 분명하게 알았습니다.

부처님이 세간에 출현하여 중생을 구원하려고
일체 지혜의 도를 다 개시開示하여
다 하여금 고통을 버리고 안락을 얻게 하시니
이 뜻은 변조 아수라왕이 널리 연 바입니다.

세간에 있는 바 수많은 복덕의 바다를
부처님의 힘으로 능히 내어 널리 하여금 청정케 하시며
부처님이 능히 해탈의 처소를 개시하시니
견고행묘장엄 아수라왕이 이 법문에 들어갔습니다.

부처님의 대비의 몸은 더불어 같을 이가 없어서

---

169 점말라는 장행문에 교환술巧幻術이라 하였다.

170 대력은 장행문에 바치라 하였다.

두루 다니시길 걸림없이 하여 다 하여금 보게 하는 것이
비유하자면 그림자 형상이 세간에 나타나는 것과 같이 하시니
광대인혜 아수라왕이 능히 이 공덕을 선설하였습니다.

희유하여 같을 이 없는 큰 신통으로
곳곳에 몸을 나투어 법계에 충만케 하여
각각 보리수 아래에 앉아 계시니
이 뜻은 현승덕 아수라왕이 능히 선설하였습니다.

여래가 지나간 옛날 삼세三世에 행을 닦을 때에
제취諸趣에 윤회하여 지나지 아니한 곳이 없었고
중생을 고통에서 해탈케 하여 남김이 없게 하셨으니
이것은 묘음 아수라왕이 칭찬한 바입니다.

經

復次 示現宮殿主晝神은 得普入一切世間케하는 解脫門하며

다시 시현궁전 주주신은[171] 널리 일체 세간에 들어가는 해탈문을 얻었으며,

疏

自下는 第三에 諸神衆이니 有十九衆이라 今初는 主晝神이니 十法이라 一은 智了物心은 如空入色이요 光照身器는 如日合空이요 身遍器中은 如像在鏡이라 世間主力은 能攝此身이니 此身之性이 等世間故라 皆入觀機일새 故名普入이니 所入之處가 卽爲宮殿이라

이 아래로부터는 제 세 번째 모든 신중이니
십구중十九衆이 있다.
지금은 처음으로 주주신主晝神이니
십법이 있다.
첫 번째는 지혜로 중생의 마음을 아는 것은 마치 공空이 색色에 들어가는 것과 같고,
광명으로 몸[172]과 기세간을 비추는 것은 마치 태양이 허공에 합습하는

171 시현궁전 주주신 이하는 제 열 번째 진실행에 속한다.

172 몸이란, 중생세간이다.

것과 같고,
몸이 기세간器世間 가운데에 두루하는 것은 마치 형상이 거울에 있는 것과 같다.
세간주世間主의 힘은 능히 이 몸[173]을 섭수하나니
이 몸의 성품이 세간과 같은 까닭이다.
다 세간에 들어가 중생을 관찰하기에 그런 까닭으로 이름을 널리 들어간다 하나니,
들어간 바 처소가 곧 궁전이 되는 것이다.

鈔

智了物心은 如空入色者는 取下偈意니 偈中如空은 是喩요 光明之言은 含於法喩요 餘皆是法이라 法喩相對하면 略有三入하니 一은 以初句에 佛智로 爲能入하고 第三句에 衆生心行으로 爲所入이니 入者는 了達義라 故로 八十經云호대 佛智廣大同虛空하야 普遍一切衆生心하사 悉了世間諸妄想이나 不起種種異分別이라하니 此卽智了物心이니라 而云如空入色者는 出現品云호대 譬如虛空이 遍至一切色과 非色處라하니라 二에 言光照身器는 如日合空者는 卽以第二句에 光明으로 爲能入하고 第四句로 爲所入이니 一切世間은 卽衆生世間과 及器世間이라 故云光照身器라하니 卽取上空喩하야 爲所入하고

173 이 몸이라고 한 것은, 이미 지신과 색신을 모두 가리켰다면 곧 위에 세 가지 뜻을 모두 첩석한 것이니, 지광智光은 지신을 의지하고 신광身光은 색신을 의지하는 까닭이라고 『잡화기』는 말한다.

取光明上法喩하야 皆爲能入이라 光通二種이니 身光은 照事하고 智光은 雙照事理니라 三에 身遍器中은 如像在鏡者는 卽唯取第四句하야 自有能所하니 則無不入言이 通三種入이라 一은 光入이요 二는 智入이니 如上已說이요 三은 身入이니 但言無不入은 不揀身故니라 而言如像在鏡者는 將上如空普遍하야 喩此亦齊어니와 今傍出一喩하야 以喩身入이니 質來對鏡하면 鏡中見像이니 像是質像이요 機感對刹하면 刹中見佛이니 佛是心佛이라

지혜로 중생의 마음을 아는 것은 마치 공이 색에 들어가는 것과 같다고 한 것은 아래 게송의 뜻을 취한 것이니[174]
게송 가운데 허공과 같다고 한 것은 이것은 비유요,
광명이라고 한 말은 법과 비유를 포함한 것이요,
나머지는 다 법이다.
법과 비유를 상대한다면 간략하게 삼입三入이 있나니,
첫 번째는 처음 구절[175]에 부처님의 지혜로써 능입을 삼고, 제 세 번째 구절에 중생의 심행으로 소입을 삼나니
여기에 입入이라고 한 것은 게송에 요달了達[176]한다고 한 뜻이다.
그런 까닭으로 화엄 팔십경 게송에 말하기를

174 아래 게송의 뜻을 취한 것이라고 한 것은, 아래 게송에 허공과 같다고 한 것은 비유이지만, 지금 소문에 허공과 같다고 한 것은 법이라는 뜻이다. 즉 공이 색에 들어간다고 한 그 공은 법이라는 뜻이라는 것이다.

175 처음 구절이란, 게송의 처음 구절이다.

176 요달이란, 게송에는 요지了知이다.

부처님의 지혜는 광대하기 허공과 같아서
널리 일체중생의 마음에 두루하여
세간의 모든 망상을 다 알게 하지만
가지가지 다른 분별을 일으키지 않는다 하였으니,
이것은 곧 지혜로 중생의 마음을 아는 것이다.
그러나 마치 공이 색에 들어가는 것과 같다고 말한 것은, 출현품에 말하기를 비유하자면 허공이 일체 색처와 비색처에 두루 이른다고 한 것과 같다.

두 번째 광명으로 몸과 기세간을 비추는 것은 마치 태양이 허공에 합하는 것과 같다고 말한 것은 곧 게송 제 두 번째 구절에 광명으로 능입을 삼고 제 네 번째 구절[177]로 소입을 삼나니,
일체 세간이라고 한 것은 곧 중생세간과 그리고 기세간이다.
그런 까닭으로 말하기를 광명으로 몸과 기세간을 비춘다 하였으니,
곧 위에 공유空喩를 취하여[178] 소입을 삼고, 광명상上에 법유法喩를 취하여 다 능입을 삼은 것이다.
광명이 두 가지에 통하나니,
신광身光은 사실을 비추고, 지광智光은 사실과 진리를 함께 비추는

---

177 제 네 번째 구절이란, 일체세간무불입一切世間無不入이다.

178 곧 위에 공유空喩를 취한다 운운한 것은, 이 위에는 곧 법에 나아간 까닭으로 말하기를 제사구가 소입이 된다 하고, 지금에는 곧 비유에 나아간 까닭으로 말하기를 위에 공유가 소입이 된다 하였으니, 각각 한 가지 뜻만 의거한 것이다고 『잡화기』는 말한다.

것이다.

세 번째 몸이 기세간 가운데에 두루하는 것은 마치 형상이 거울에 있는 것과 같다고 한 것은 곧 오직 제 네 번째 구절만을 취하여 스스로 능·소를 두었으니,

곧 들어가지 아니함이 없다[179]고 한 말이 세 가지 들어감(三種入)에 통하는 것이다.

첫 번째는 광입光入이요,

두 번째는 지입智入이니[180] 위에서 이미 설한 것과 같은 것이요,

세 번째는 신입身入이니 다만 들어가지 아니함이 없다고 말한 것은 신입을 가리는 것이 아닌 까닭이다.

그러나 마치 형상이 거울에 있는 것과 같다고 말한 것은 위에 부처님의 지혜는 허공과 같아 널리 두루한다고 한 것을 가져 이 몸도 또한 그와 같음에 비유하였거니와, 지금에는 곁으로 한 비유를 설출하여[181] 신입身入에 비유하였으니

바탕이 와서 거울을 상대하면 거울 가운데 형상이 나타나나니 형상은 이 바탕의 형상이요,

중생이 감동하여 국토를 상대하면 국토 가운데 부처님이 나타나나니

---

179 들어가지 아니함이 없다고 한 것은, 아래 게송 제사구에 일체세간무불입이라 한 것이다.

180 두 번째는 지입智入이라고 한 것은, 위에서 삼입三入을 말할 때는 첫 번째가 지입智入이고 두 번째가 광입光入이었다.

181 곁으로 한 비유를 설출하였다고 한 것은, 형상이 거울에 있다는 비유이다.

부처님은 이 마음의 부처님이다.

世間主力下는 上是佛德이요 今攝就晝神이니 故云能攝此身이라하니라 此身之性이 等世間故者는 彰入所以이니 智身色身이 皆等世間이니 論云호대 智性色性이 皆相卽故니라 皆入觀機는 彰入之意요 並釋普字하야 結歸長行이라 所入之處下는 結歸神名이니 以難見故로 所以偏結이라

세간주의 힘이라고 한 아래는 이상은 이 부처님의 공덕이요,
지금은 주주신을 섭취攝就한 것이니
그런 까닭으로 이 몸을 섭수한다 한 것이다.
이 몸의 성품이 세간과 같은 까닭이라고 한 것은 들어가는 까닭을 밝힌 것이니,
지신智身과 색신色身이 다 세간과 같나니,
『기신론』에 말하기를[182] 지성智性과 색성色性이 다 서로 즉卽한다 한 까닭이다.
다 세간에 들어가 중생을 관찰한다고 한 것은 장행에 들어간다는 뜻을 밝힌 것이고, 아울러 보자普字도 해석하여 장행에 맺어 돌아가는 것이다.
들어간 바 처소라고 한 아래는 궁전이라는 신의 이름에 맺어 돌아가

182 『기신론』 운운은, 『기신론』은 색성지성色性智性이 불이야不二也라 하였다. 여기서는 불이不二를 상즉相卽으로 바꾸어 썼다.

는 것이니,

들어간 처소를 보기 어려운 까닭으로 궁전신만 치우쳐 맺는 바이다.

經

發起慧香主晝神은 得普觀察一切衆生하야 皆利益하고 令歡喜滿足케하는 解脫門하며

발기혜향 주주신은 널리 일체중생을 관찰하여 다 이익케 하고 하여금 환희하여 만족케 하는 해탈문을 얻었으며,

疏

二는 義圓稱機일새 故滿心成益이라

두 번째는 뜻이 원만하여 중생의 근기에 칭합하기에
그런 까닭으로 만족한 마음으로 이익을 이루게 하는 것이다.

經

樂勝莊嚴主晝神은 得能放無邊可愛樂法光明하는 解脫門하며

낙승장엄 주주신은 능히 끝없이 가히 좋아하고 즐거워하는 진리의 광명을 놓는 해탈문을 얻었으며,

疏

三은 身法二光은 皆可愛樂이라

세 번째는 신身·법法의 두 광명은 다 가히 좋아하고 즐거워하는 것이다.

經

華香妙光主晝神은 得開發無邊衆生이 清淨信解心하는 解脫門하며

화향묘광 주주신은 끝없는 중생이 청정하게 믿고 아는 마음을 개발하는 해탈문을 얻었으며,

疏

四는 法雨潤種하야 已含實者는 解開하고 善未芽者는 信發이라

네 번째는 진리의 비로 종자를 윤택하게 하여 이미 열매를 함유한 사람은 아는 것(解)으로써 개발하고,
선善이 아직 싹터지지 아니한 사람은 믿는 것(信)으로써 개발하는 것이다.

經

普集妙藥主晝神은 得積集莊嚴普光明力하는 解脫門하며

보집묘약 주주신은 넓은 광명의 힘을 쌓아 모아 장엄하는 해탈문을 얻었으며,

疏

五는 無法不悟를 名普明力이니 曠劫修集하야 成智莊嚴이라

다섯 번째는 법마다 깨닫지 아니함이 없는 것을 이름하여 넓은 광명의 힘이라 하나니,
광겁曠劫토록 닦아 모아 지혜의 장엄을 이루는 것이다.

經

樂作喜目主晝神은 得普開悟一切苦樂衆生하야 皆令得法樂케 하는 解脫門하며

낙작희목 주주신은 일체 고苦·락樂의 중생을 개오開悟하여 다 하여금 법락을 얻게 하는 해탈문을 얻었으며,

疏

六은 方便으로 開示世樂亦苦하야 令其悟入하야 見理法樂이니 如歡喜地也니라

여섯 번째는 방편으로 세간의 즐거움이 또한 고통임을 개시하여 그들로 하여금 깨달아 들어가 진리의 법락을 보게 하는 것이니 환희지와 같다.

經

觀方普現主晝神은 得十方法界에 差別身의 解脫門하며

관방보현 주주신은 시방법계에 차별한 몸의 해탈문을 얻었으며,

疏

七은 如來身雲이 就體則非有無어니와 約機則差別하야 遍於十方하나니 不可謂之無요 約佛則稱眞法界하나니 不可謂之有라 此則隨緣非有之法身이 恒不異事而顯現하야 以化寂滅非無之衆生하야 恒不異眞而成立하나니 卽無差別之差別也니라

일곱 번째는 여래의 몸구름이 자체에 나아가면 곧 있는 것도 없는 것도 아니거니와, 중생의 근기를 잡는다면 곧 차별하여 시방에 두루하나니 가히 없다고도 말할 수 없는 것이요,
부처를 잡는다면 곧 진실한 법계에 칭합하나니 가히 있다고도 말할 수 없는 것이다.
이것은 곧 인연을 따라 있지 않는 법신이 항상 사실과 다르지 않고 나타나 적멸하여 없지 않는 중생을 교화하여 항상 진리와 다르지 않고 성립하나니,
곧 차별이 없는 차별이다.

鈔

隨緣非有之法身等은 至第五經하야 當釋호리라

인연을 따라 있지 않는 법신이라고 한 등은 화엄 제 다섯 번째 경에 이르러 마땅히 해석하겠다.[183]

183 제 다섯 번째 경에 이르러 마땅히 해석하겠다고 한 것은 『화엄현담』 회현기 29권에 이미 말한 바 있다.

經

大悲威力主晝神은 得救護一切衆生하야 令安樂케하는 解脫門하며

대비위력 주주신은 일체중생을 구호하여 하여금 안락케 하는 해탈문을 얻었으며,

疏

八은 處危者는 護之令安하고 有苦者는 救之令樂이라

여덟 번째는 위험에 처한 사람은 구호하여 하여금 편안하게 하고, 고통이 있는 사람은 구호하여 하여금 즐겁게 하는 것이다.

經

善根光照主晝神은 得普生喜足功德力하는 解脫門하며

선근광조 주주신은 널리 기쁨으로 만족케 하는 공덕의 힘을 내는 해탈문을 얻었으며,

疏

九는 衆生이 闇於多欲일새 故沈淪長夜니 以法開曉엔 喜足爲先이라 喜足智俱가 是功德力이니 能令離苦하야 得安樂故니라

아홉 번째는 중생이 수많은 욕심에 어둡기에 그런 까닭으로 생사의 긴 밤에 빠지나니,
법으로 열어 깨닫게 함에는 기쁨으로 만족하는 것이 우선이 되는 것이다.
기쁨으로 만족함에 지혜가 갖추어지는[184] 것이 이 공덕의 힘이니,
능히 하여금 고통을 떠나 안락을 얻게 하는 까닭이다.

---

184 원문에 俱는 여기서는 具의 뜻이다.

經

妙華瓔珞主晝神은 得聲稱普聞하야 衆生見者는 皆獲益케하는 解脫門하니라

묘화영락 주주신은 성칭聲稱[185]이 널리 들리어 중생이 친견하는 사람은 다 이익을 얻게 하는 해탈문을 얻었습니다.

疏

十은 有覺德行일새 故名稱普聞이요 旣福廣名高일새 故不虛其益이라

열 번째는 각덕의 행이 있기에 그런 까닭으로 명칭이 널리 들린다 이름한 것이요,
이미 복덕이 넓고 명성이 높기에 그런 까닭으로 이익이 헛되지 않는 것이다.

鈔

十에 有覺德行者는 卽毛詩言이니 註云호대 覺大也라하니라

열 번째 각덕覺德의 행이 있다고 한 것은 곧 모장毛萇의 시詩[186]에

185 성칭聲稱은 곧 명성이다.

말한 것이니,

그 주註에 말하기를 각覺은 대大라 하였다.

186 모장毛萇의 시詩: 毛萇이 전한 『시전詩傳』이다. 즉 『시전』이 三大家가 전한 것이 있으나, 여기서는 趙나라 毛萇이 전한 것을 말한다는 것이다. 趙나라는 韓나라에 속하는 작은 나라이다. 영인본 화엄 3책, p.96, 3행에도 나온다. 『시전』의 삼대가는 노魯나라 신배申培가 전한 『노시魯詩』와 연燕나라 한영韓嬰이 전한 『한시韓詩』와 제齊나라 원고생轅固生이 전한 『제시齊詩』이다.

經

爾時에 示現宮殿主晝神이 承佛威力하야 普觀一切主晝神衆하고 而說頌言호대

그때 시현궁전 주주신이 부처님의 위신력을 받아 널리 일체 주주신의 대중을 관찰하고 게송을 설하여 말하기를,

疏

偈文은 可知라

게송의 문장은 가히 알 수가 있을 것이다.

經

佛智如空無有盡하며　光明照耀遍十方하시니
衆生心行悉了知하야　一切世間無不入이니다

知諸衆生心所樂하야　如應爲說衆法海하사대
句義廣大各不同하나니　具足慧神能悉見이니다

佛放光明照世間하사　見聞歡喜不唐捐하고
示其深廣寂滅處하시니　此樂莊嚴心悟解이니다

佛雨法雨無邊量하사　能令見者大歡喜할새
最勝善根從此生하나니　如是妙光心所悟이니다

普入法門開悟力을　曠劫修持悉清淨은
如是皆爲攝衆生이시니　此妙藥神之所了이니다

種種方便化群生호대　若見若聞咸受益하야
皆令踊躍大歡喜케하시니　妙眼晝神如是見이니다

十力應現遍世間하고　十方法界悉無餘시나
體性非無亦非有니　此觀方神之所入이니다

衆生流轉險難中거늘 如來哀愍出世間하야
悉令除滅一切苦케하시니 此解脫門悲力住이니다

衆生闇覆淪永夕일새 佛爲說法大開曉하시고
皆使得樂除衆苦케하시니 大善光神入此門이니다

如來福量同虛空하사 世間衆福悉從生하고
凡有所作無空過하나니 如是解脫華瓔得이니다

부처님의 지혜는 허공과 같아 끝이 없으며
광명은 비치어 시방에 두루하시니
중생의 심행을 다 요달하여 알아
일체 세간에 들어가지 아니함이 없으십니다.

모든 중생이 마음에 좋아하는 바를 알아
응함과 같이 수많은 진리의 바다를 설하시되
구절과 뜻이 광대하여 각각 같지 아니하나니
구족혜[187] 주주신이 능히 다 보았습니다.

부처님이 광명을 놓아 세간을 비추어
보고 듣는 이는 환희케 하여 헛되이 버리지 않고

187 구족혜는, 장행문에는 발기혜향發起慧香이라 하였다.

그들에게 깊고도 넓고 적멸한 처소를 보이시니
이것은 낙승장엄 주주신이 마음에 깨달아 알았습니다.

부처님이 진리의 비를 끝도 한량도 없이 내려
능히 보는 이로 하여금 환희케 하실 때에
가장 수승한 선근이 이로 좇아 생겨나나니
이와 같은 것은 회향묘광 주주신이 마음에 깨달은 바입니다.

널리 법문에 들어가 깨달은 힘을
오랜 세월토록 닦아 가져 다 청정케 하신 것은
이와 같이 다 중생을 섭수하기 위함이시니
이것은 보집묘약 주주신이 요달한 바입니다.

가지가지 방편으로 중생을 교화하시되
혹 보는 이나 혹 듣는 이가 다 이익을 받아
다 하여금 뛰며 크게 환희케 하시니
낙작묘안[188] 주주신이 이와 같이 보았습니다.

십력을 응당 나타내어 세간에 두루하고
시방법계에 다 남김이 없게 하시지만
자체성은 없지도 않고 또한 있지도 않나니

---

188 낙작묘안은, 장행문에는 낙작희목樂作喜目이라 하였다.

이것은 관방보현 주주신이 들어간 바입니다.

중생이 험난한 가운데 유전하거늘
여래가 어여삐 여겨 세간에 출현하여
다 하여금 일체 고통을 제멸케 하시니
이 해탈문에는 대비위력 주주신이 머물렀습니다.

중생이 어둠에 덮여 생사의 긴 저녁(밤)에 빠졌기에
부처님이 그들을 위하여 법을 설하여 크게 열어 깨닫게 하시고
다 하여금 즐거움을 얻어 수많은 고통을 제멸케 하시니
대선광조[189] 주주신이 이 법문에 들어갔습니다.

여래의 복덕 양은 허공과 같아서
세간의 수많은 복덕이 다 이로 좇아 생겨나고
무릇 짓는 바가 있음에[190] 헛되이 지남이 없게 하시니
이와 같은 해탈은 묘화영락 주주신이 얻었습니다.

---

189 대선광조는, 장행문에는 선근광조善根光照라 하였다.

190 무릇 짓는 바가 있다고 한 것은, 장행문에는 중생이 보는 이(衆生見者)라 하였다.

經

復次 普德淨光主夜神은 得寂靜禪定樂으로 大勇健한 解脫門하며

다시 보덕정광 주야신은[191] 적정한 선정의 즐거움으로 크게 용건勇健한 해탈문을 얻었으며,

疏

第二는 主夜神이니 十法이라 初七夜神은 是善財의 十地善友이니 見解深廣하야 彌顯衆海의 法門難思라 一에 普德淨光은 卽善財의 離垢地善友니 彼名全同이라 法門名은 寂靜禪定樂普游步라하니 普游步言은 卽大勇健也니라 寂靜禪定樂은 卽是定體이니 現法樂住일새 故名爲樂이요 大勇健者는 卽是定用이니 健則堪能이요 勇則無畏니 謂見佛靜機하사 游戱神通일새 故名勇健이며 亦游步也라하니라 勇健廣大일새 故稱普德이요 無惑智俱일새 可謂淨光이라

제 두 번째는 주야신이니
십법이 있다.
처음에 일곱 주야신은 이 선재동자의 십지선우十地善友이니
견해가 깊고도 넓어 더욱 중해衆海의 법문이 사의하기 어려움을 나타낸 것이다.

191 보덕정광 주야신 이하는 제 아홉 번째 선법행에 속한다.

첫 번째 보덕정광 주야신은 곧 선재동자의 이구지離垢地 선우니,
저기[192]에 이름과 온전히 같다.
법문의 이름[193]은 적정한 선정의 즐거움으로 널리 유보하는 것(寂靜禪定衆普游步)이다 하였으니,
널리 유보(普游步)한다고 한 말은 곧 크게 용건(大勇健)하다는 말이다.
적정한 선정의 즐거움(寂靜禪定樂)이라고 한 것은 곧 이 선정의 자체이니,
현재 법락法樂에 안주安住하기에 그런 까닭으로 이름하여 즐거움(樂)이라 한 것이요,
크게 용건(大勇健)하다고 한 것은 곧 이 선정의 작용이니,
건健은 곧 능히 감당한다는 것이요,
용勇은 곧 두려움이 없다는 것이니,
말하자면 부처님이 적정[194]한 근기를 보아서 신통으로 유희游戲하기에 그런 까닭으로 이름을 용건이라 하며 또한 유보라 하는 것이다.
용건이 광대하기에 그런 까닭으로 보덕이라 이름하고,
의혹이 없고 지혜를 갖추었기에 가히 정광이라 말하는 것이다.

---

192 저기란, 입법계품이다.

193 법문의 이름이란, 입법계품의 말이니, 법문의 이름은 곧 해탈의 이름이다.

194 靜이란, 정淨 자로 되어 있는 곳도 있나니 부처님이 저 근기의 때를 깨끗이 함을 본다는 것이다. 그러나 이 두 구절이 다 용건에 통하거늘, 어떤 사람이 말하기를 부처님이 적정한 근기를 본다고 한 것은 능히 감당한다는 것을 해석하고, 신통으로 유희한다고 한 것은 두려움이 없다는 것을 해석한 것이다 하니, 간섭하여 천착할까 염려한다. 역시 『잡화기』의 말이다.

經

喜眼觀世主夜神은 得廣大淸淨하야 可愛樂功德相의 解脫門하며

희안관세 주야신은 광대하고 청정하여 가히 사랑하고 좋아할 공덕상의 해탈문을 얻었으며,

疏

二는 卽發光地善友니 彼名은 喜目觀察衆生이요 解脫名은 大勢力普喜幢이라하니 謂此解脫이 德無不備며 化無不周일새 名大勢力이니 卽今廣大니라 身惑俱淨하야 無不樂見일새 故云普喜요 悲爲德相일새 卽幢義也요 觀察普喜일새 名爲喜目이라

두 번째는 곧 발광지發光地 선우이니
저기[195]에 이름은 희목관찰중생喜目觀察衆生이요,
해탈의 이름은 대세력보희당大勢力普喜幢이라 하였으니,
말하자면 이 해탈이 공덕을 갖추지 아니함이 없으며 교화가 고르지 아니함이 없기에 대세력이라 이름하나니,
곧 지금에 광대廣大라 한 것이다.
몸과 미혹한 마음이 함께 청정하여 즐겁게 보지 아니함이 없기에

195 저기란, 역시 입법계품이다.

그런 까닭으로 보희普喜라 말하고,
대비로 덕상을 삼기에 곧 당幢의 뜻이 되고,
관찰하여 널리 기쁘게 하기에 희목喜目이라 이름하는 것이다.

經

護世精氣主夜神은 得普現世間하야 調伏衆生하는 解脫門하며

호세정기 주야신은 널리 세간에 나타나 중생을 조복하는 해탈문을 얻었으며,

疏

三은 卽焰慧地善友니 彼名은 普救衆生妙德이라하니 護世精氣가 方是救生이니 由護生故로 顯德之妙也니라 法門全同하고 次第又當하나니 謂感必現前하야 調令淸淨故니라

세 번째는 곧 염혜지焰慧地 선우이니,
저기에 이름[196]은 보구중생묘덕普救衆生妙德이라 하였으니
여기에 호세정기護世精氣가 바야흐로 저기에 보구중생이니
중생을 구호함을 인유한 까닭으로 공덕의 묘함을 나타낸 것이다.
법문도 온전히 같고[197] 차례도 또한 맞나니,
말하자면 감동케 함에 반드시 앞에 나타나 조복하여 하여금 청정케 하는 까닭이다.

---

196 저기에 이름이란, 역시 입법계품의 이름이다.

197 법문도 온전히 같다고 한 것은, 입법계품의 법문도 여기와 온전히 같다는 말이니, 즉 입법계품의 법문은 보현세간조복중생普現世間調伏衆生이다.

經

寂靜海音主夜神은 得積集廣大歡喜心하는 解脫門하며

적정해음 주야신은 광대한 환희심을 쌓아 모으는 해탈문을 얻었으며,

疏

四는 卽難勝地善友니 彼名은 寂靜音海요 法門名은 念念出生廣大喜莊嚴이라하니 念念出生은 卽積集義요 見佛利生일새 故生大喜라 莊嚴 二義하니 一은 見佛하고 修歡喜因하야 嚴樂見果故요 二는 積集此喜하야 神自莊嚴이라 由定發音이 名寂靜音이니 深廣如海니라

네 번째는 난승지難勝地 선우이니
저기에 이름은 적정음해寂靜音海요,
법문의 이름은 염념출생광대희장엄念念出生廣大喜藏嚴이라 하였으니
염념출생念念出生은 곧 여기에 쌓아 모은다(積集)는 뜻이요,
부처님을 친견하고 중생을 이익케 하기에 그런 까닭으로 큰 환희를 낸다는 것이다.
장엄藏嚴에 두 가지 뜻이 있나니
첫 번째는 부처님을 친견하고 환희할 원인을 닦아 즐겁게 친견할

과보를 장엄하게 하는 까닭이요,

두 번째는 이 환희심을 쌓아 모아 적정해음신이 스스로 장엄하는 것이다.

삼매(定)[198]를 인유하여 음성을 일으키는 것이 이름이 적정음이니 깊고도 넓기가 바다와 같은 것이다.

198 삼매(定)는, 곧 적정으로 귀결된다 하겠다.

經

普現吉祥主夜神은 得甚深自在悅意言音의 解脫門하며

보현길상 주야신은 깊고도 깊게 자재하여 마음을 기쁘게 하는 말과 음성의 해탈문을 얻었으며,

疏

五는 卽現前地善友니 彼云守護一切城增長威力이라하니라 偈云尸利는 以梵音에 含於二義니 一은 云吉祥이요 二는 翻爲守라 故로 下譯跋陀室利하야 以爲賢首라하니라 又以首字는 音同義別이니 彼爲頭首요 法界品中엔 乃爲守護라하니 皆譯者가 方言少融耳니라 若以義會인댄 增長威力은 卽是普現吉祥이니 正當次第하고 法門又同하니라 彼云甚深自在妙音解脫이라하니 妙音故悅意요 悅則意淨이니 卽寂能演일새 故名自在니라

다섯 번째는 곧 현전지現前地 선우이니
저기에 말하기를 수호일체성증장위력守護一切城增長威力이라고 하였다.
게송에 말하기를 시리尸利라고 한 것은 범음梵音에 두 가지 뜻을 포함하고 있나니
첫 번째는 길상吉祥이라 말하는 것이요,
두 번째는 번역하면 수守가 되는 것이다.

그런 까닭으로 아래[199]에 발라실리跋陀室利[200]를 번역하여 현수賢首가 된다 하였다.

또 수자首字는 음音은 같고 뜻은 다르나니

저기 현수품에서는 두수頭首라 하였고

법계품 가운데서는 수호守護라 하였으니,

다 번역하는 사람이 지방의 말을 조금 융합하였을 뿐이다.

만약 뜻으로 회석한다면 저기에 증장위력이라고 한 것은 곧 여기에 보현길상이라고 한 것이니,

바로 차례도 맞고 법문도 또한 같다.

저기에 말하기를 심심자재묘음해탈이라 하였으니

묘한 음성이기에 그런 까닭으로 마음을 기쁘게 하고, 기쁘게 하면 곧 마음이 청정하여지나니

적정에 즉하여 능히 연설하기에 그런 까닭으로 자재라 이름한 것이다.

---

199 그런 까닭으로 아래라고 한 것은, 아래 현수품 가운데를 가리킨 것이니, 실리室利와 시리尸利가 다만 이 범어의 다른 말일 뿐인 까닭이다.
그러나 곧 시리라는 한 범어를 혹은 길상이라 말하며 혹은 수首라 하며 혹은 수守라 하나니, 곧 길상과 더불어 수와 수는 소리와 뜻이 함께 다르고 수와 수는 소리는 같고 뜻은 다르나니, 시리라는 한 범어에 세 가지 해석이 있는 까닭은 대개 그 말을 해석하는 사람이 표준말(敵對語)을 쓰지 않고 그 지방의 말로써 조금 융합하여 회석함을 더하였을 뿐인 까닭이다. 이상은 역시 『잡화기』의 말이다.

200 아래란, 현수품이다. 발타란 현賢이고, 실리란 수首이다.

經

普發樹華主夜神은 得光明滿足하야 廣大歡喜藏의 解脫門하며

보발수화 주야신은 광명이 만족하여 광대하게 환희케 하는 창고의 해탈문을 얻었으며,

疏

六은 卽遠行地善友니 彼云開敷一切樹華라하니 一切開敷는 卽普發也라 法門은 彼云菩薩出生廣大喜光明이라하니 文少倒略耳니라 舊經云호대 菩薩無量歡喜知足光明이라하니 知足滿足이 文相近也라 謂能知如來巧智로 示法大福威光일새 故曰光明이요 佛以福智로 滿足物心하야 則含喜일새 名藏이라

여섯 번째는 곧 원행지遠行地 선우이니
저기에 말하기를 개부일체수화開敷一切樹華라 하였으니,
일체개부一切開敷라고 한 것은 곧 여기에 보발普發이라고 한 것이다.
법문은 저기에 말하기를 보살출생광대희광명菩薩出生廣大喜光明이라 하였으니
문장이 조금 뒤바뀌고 생략되었을[201] 뿐이다.

---

201 뒤바뀌고 생략되었다고 한 것은, 그 뜻이 바로 아래 구경舊經을 가리키는 것이니, 지금에는 다만 환희장이라 말하였고 저 구경에는 다만 희喜라고만 말한 까닭이다. 뒤바뀌었다고 한 것은 가히 알 수 있을 것이다. 강사가

구경舊經에 말하기를 보살무량환희지족광명菩薩無量歡喜知足光明이라 하였으니

지족知足과 만족滿足[202]이 문장이 서로 근접한 것이다.

말하자면 능히 여래의 교묘한 지혜로 진리의 큰 복덕과 위광威光을 시현하는 줄 알기에 그런 까닭으로 광명이라 말한 것이요,

부처님이 복덕과 지혜로써 중생의 마음을 만족하여 곧 환희를 함장含藏케 하기에 창고(藏)라 이름한 것이다.

---

말하기를 지금에 경문에 이미 보살이라는 말이 없는 까닭으로 생략되었다 한 것이다 하였다. 이상은 『잡화기』의 말이다. 뒤바뀌었다고 한 것은 가히 알 수 있을 것이다 한 것은, 지금 경문에는 만족환희라 하였는데 구경에는 환희지족(만족)이라 하니 뒤바뀐 것이다 하겠다.

202 지족은 구경의 말이고, 만족은 금경의 말이다.

經

平等護育主夜神은 得開悟衆生하야 令成熟善根케하는 解脫門하며

평등호육 주야신은 중생을 열어 깨닫게 하여 하여금 선근을 성숙케 하는 해탈문을 얻었으며,

疏

七은 卽不動地善友니 彼名은 大願精進力救護一切衆生이요 法門名은 敎化衆生令生善根이라하니 敎化開悟는 文異義同하고 令生成熟은 始終異耳니라 謂現通示相은 皆爲調化니 一切善根을 皆令生長이요 平等護育은 卽救護一切니 精進大願일새 故能爲之니라 今文略耳니라

일곱 번째는 곧 부동지不動地 선우이니
저기에 이름은 대원정진력구호일체중생大願精進力救護一切衆生이요,
법문의 이름은 교화중생영생선근敎化衆生令生善根이라 하였으니
교화와 여기 개오開悟는 문장이 다르지만 뜻은 같고, 영생令生과
여기 성숙成熟은 처음과 끝이 다를 뿐이다.
말하자면 큰 신통을 나타내어 색상을 보게 한다[203]고 한 것은 다

203 큰 신통을 나타내어 색상을 보게 한다고 한 것은, 곧 게송문이니, 구체적으로

저기에 교화(調化)한다 한 것이니
일체 선근을 다 하여금 생장케 한다는 것이요,
평등호육이라고 한 것은 곧 저기에 구호일체라고 한 것이니
큰 서원을 정진하기에 그런 까닭으로 능히 구호한다는 것이다.
지금에는 문장이 생략되었을 뿐이다.

---

말하면 시방에 널리 큰 신통을 나타내어 가지가지 색상을 다 하여금 보게 한다(十方普現大神通, 種種色相皆令見) 하였다.

經

遊戲快樂主夜神은 得救護衆生하는 無邊慈의 解脫門하며

유희쾌락 주야신은 중생을 구호하는 끝없는 자비의 해탈문을 얻었으며,

疏

八은 念念久修하야 恒遍救護는 是無邊慈也라 此與善財의 歡喜地善友로 似同이나 而文多異하고 又非其次일새 故但直釋하니라

여덟 번째는 생각 생각에 오랫동안 수행하여 항상 두루 구호하는 것은 이것은 끝없는 자비이다.
이것은 선재의 환희지 선우로 더불어 같은 듯하지만 그러나 문장이 다분히 다르고 또한 그 차례도 맞지 않기에[204] 그런 까닭으로 다만 바로 해석만 하였다.

204 또한 그 차례도 맞지 않다고 한 것은, 초지가 여기에 오니 차례가 맞지 않다는 것은 당연한 것이다.

經

諸根常喜主夜神은 得普現莊嚴하는 大悲門의 解脫門하며

제근상희 주야신은 널리 장엄신을 나타내는 대비문의 해탈문을 얻었으며,

疏

九는 於三毒難壞衆生에 以大悲門으로 現莊嚴身故니 石室留影이라도 毒龍革心거든 況現身耶아

아홉 번째는 삼독으로 무너뜨리기 어려운 중생에게 대비문으로써 장엄신을 나타내는 까닭이니,
석실石室에 그림자만 머물게 할지라도[205] 독룡이 마음을 바꾸거든 하물며 몸을 나타내는 것이겠는가.

---

205 석실에 그림자만 머물게 할지라도 한 등은, 초문에 인용한 바를 안찰한즉 독룡이 마음을 바꾸는 것이 실로 그림자를 머물러 두기 이전에 있거늘, 지금에는 곧 그 뜻만 취하여 반드시 그림자를 머물러 독룡을 교화하는 것으로써 하물며 몸을 나타내어 악용을 교화하는 것이겠는가 하는 것으로 인용한 까닭이니, 뜻만 취한 것은 그림자를 머물러 두기 이전에 이미 그 교화를 받았기에 곧 그림자를 머물러 둔 이후에도 진실로 응당 마음을 바꾸는 까닭이다.

鈔

石室留影이라도 毒龍革心者는 革變也라 卽觀佛三昧海經이니 彼事極長거늘 今當略意호리라 卽第七經에 佛告阿難云호대 如來가 到那乾訶羅國 古仙山 簷蔔華林 毒龍池側 靑蓮華泉 北羅刹穴中에 阿那斯山南하니라 爾時에 彼穴有五羅刹하야 化作龍女하야 與毒龍通하야 龍復降雹하고 羅刹亂行하니 飢饉疾疫이 已歷四年이라 時王驚懼하야 禱祀神祇로대 於事無益이라 下取意引호리라 有一梵志하야 讚佛功德일새 彼王焚香하고 遙請如來어늘 如來가 受那乾訶羅王인 弗巴浮提請하사 廣現神變하시니 羅刹毒龍이 旣受化已니라 爾時에 龍王이 長跪合掌하고 勸請世尊호대 唯願如來는 常住此間하소서 佛若不在하시면 我發惡心하야 無由得成無上菩提니이다 世尊이 不離龍窟하고 復受王請하사 入城敎化라가 遊行往昔에 行菩薩道處하신대 諸龍皆從하야 聞佛欲還하고 復啼哭雨淚하야 白佛言호대 世尊이시여 請佛常住어니 云何捨我닛가 我不見佛하면 當作惡事하야 墜墮惡道니이다 爾時에 世尊이 安慰龍王하사 我受汝請하야 坐汝窟中에 千五百歲호리라하시고 釋迦文佛이 踊身入石하시니 猶如明鏡에 見人面像하야 諸龍이 皆見佛在石內하야 影現於外하니라 爾時에 諸龍이 合掌歡喜하며 不出其池하고 常見佛日하니라 爾時에 世尊이 結跏趺坐하사 在石壁內한대 衆生見時에 遠望則見하고 近則不現이라 諸天百千이 供養佛影하니 影亦說法거늘 時梵天王이 合掌恭敬하고 以偈頌曰호대 如來處石窟이라하야 踊身入石裏하시니 如日無障礙하며 金光相具足하도다 我今頭面禮 牟尼救世尊하나이다하니 經文甚廣하니라 復

令衆生으로 觀於佛座호대 見丈六像이 坐於草座하시며 作一石窟에 高一丈八尺이요 深二十四步요 靑白石想하니라 又想此窟이 成七寶窟하시며 復見佛像이 踊入石壁等이라하니라

석실에 그림자만 머물게 할지라도 독룡이 마음을 바꾼다고 한 것은, 바꾼다(革)는 것은 변한다(變)는 것이다.
곧 『관불삼매해경』의 말이니 저 경에는 이 사실이 지극히 길거늘, 지금에는 마땅히 간략하게 뜻으로만 인용하겠다.
곧 관불삼매해 제 일곱 번째 경에 부처님이 아란에게 일러 말씀하시기를 부처님이 나건하라의 나라 고선산 담복화 숲속 독룡이 사는 못 곁에 푸른 연꽃이 피는 샘 북쪽 나찰굴 가운데 아나사산阿那斯山의 남쪽에 이르렀다.
그때에 저 나찰굴에 다섯 나찰이 있어 용녀龍女를 변화하여 독룡으로 더불어 내통하여, 용은 다시 우박을 비 내리고 나찰은 난잡하게 행동하니 기근과 질병이 이미 사 년을 지났다.
그때에 나건하라왕이 놀라 두려워 신神과 귀신[206]에게 기도하고 제사를 지내보았지만 그 일에는 이익이 없었다.
이 아래부터는 뜻으로 인용하겠다.

한 범지梵志가 있어 부처님의 공덕을 찬탄하기에 저 왕이 분향을 하고 멀리 여래를 청하거늘, 여래가 나건하라왕인 불파부제의 청을

206 祇는 땅귀신이다.

받아 널리 신통변화를 나타내시니 나찰과 독룡이 이미 교화를 받아 마치었다.

그때에 용왕이 장궤長跪 합장하고 세존에게 권하고 청하되, 오직 원컨대 여래께서는 항상 이곳에 머무소서. 부처님께서 만약 계시지 않으시면 제가 악한 마음을 일으켜 무상보리 얻어 이룸을 인유할 수 없을 것입니다.

세존께서 용의 굴을 떠나지 않고 다시 왕의 청을 받아 성중에 들어가 교화하시다가 지나간 옛날에 보살도를 행하던 곳을 유행하신데, 모든 용이 다 좇아와서 부처님께서 다른 곳으로 돌아가고자 한다고 함을 듣고 다시 울면서 눈물을 흘리고 부처님께 여쭈어 말하기를 세존이시여, 부처님께서 항상 이곳에 머무시기를 청하였거니 어떻게 저희들을 버리시나이까. 저희들이 부처님을 뵈옵지 못하면 마땅히 악한 일을 지어서 악도에 떨어질 것입니다.

그때에 세존께서 용왕을 편안히 하고 위로하여 내가 그대들의 청을 받아서 그대들의 굴 가운데 천오백 년 동안 앉아 있을 것이다 하시고 석가모니불이 몸을 뛰어 석굴로 들어가시니, 비유하자면 밝은 거울에 사람의 얼굴 모습을 보는 것과 같아서, 모든 용이 다 부처님이 석굴 안에 있으면서 그림자를 굴 밖으로 나타내심을 보았다.

그때에 모든 용이 합장하고 기뻐하며 그 못에서 나오지 않고 항상 부처님의 태양을 보았다.

그때에 세존께서 가부좌를 하고 앉아 석벽 안에 계신데 중생들이 볼 때는 멀리서 바라봄에 곧 보이고, 가까이서 봄에 나타나지 아니하였다.

모든 하늘 백천 명이 부처님의 그림자에 공양하니 그 부처님의 그림자도 또한 법을 설하거늘, 그때에 범천왕이 합장하여 공경하고 게송을 설하여 말하기를,

여래께서 석굴에 거처할 것이다[207] 하여
몸을 뛰어 석굴 속으로 들어가시니
마치 태양이 걸림이 없는 것과 같으며
황금 광명의 모습을 구족하셨도다.

저가 지금 머리로
석가모니 구세존에게 예경하나이다 하였으니
경문이 매우 광범위하다.

다시 중생으로 하여금[208] 부처님의 자리를 관찰하게 하되 장육丈六의 모습이 초좌草座에 앉아 계시며 한 석굴을 지으심에 높이가 일장팔척一丈八尺이고, 깊이는 스물네 걸음이고, 푸르고 흰 돌로 되었음을 보게 하셨다.

또 석굴이 칠보의 굴로 이루어졌음을 생각하게 하시며,
다시 불상이 뛰어 석벽에 들어감을 보게 하신다 한 등이라 하였다.

---

207 여래께서 석굴에 거처할 것이라고 한 것은, 여래께서 그대들 석굴 가운데 천오백 년을 앉아 있을 것이다 하고 들어갔다는 것이 구체적인 해석이다.

208 다시 중생으로 하여금 이라한 등은, 이 아래는 곧 다만 중생으로 하여금 그 있는 바를 따라 항상 이 관觀을 짓는 것이다고 『잡화기』는 말한다.

廣弘明集說인댄 遠公이 有此石影讚說하니 處所가 與經全同하니라 云在西域那伽訶羅國南山古仙石室中하니 度流沙하야 逕道에 去此가 一萬五千八百五十里라 感世之應은 備於別傳이라하니라 西域記第八에도 亦說하니라 遠公序云호대 昔에 遇西域沙門하야 輒飡遊方之說하고 知有佛影이나 而傳者가 尙未曉然이러니 及在此山하야 値罽賓禪師와 南國律學道士하니 與昔聞으로 旣同하고 並是其人이 遊歷所經이러늘 因其詳問하고 乃圖之하야 爲銘曰호대 廓矣大象이여 理玄無名이로다 體神入化로대 落影離形이로다 迴輝層巖하고 凝映虛亭이로다 在陰不昧하고 處暗逾明이로다 婉出蟬蛻로대 朝宗百靈이로다 應不同方이로대 迹絶杳冥이로다(其一) 茫茫荒宇를 靡勸靡奬이로다 淡虛寫容하고 拂空傳像이로다 相具體微하니 冲資自朗이로다 白毫吐曜하니 昏夜中爽이로다 感誠乃應하고 扣機發響이로다 留音停岫하고 津悟冥賞이로다 撫之有會언정 功弗由曩이라하니라(其二) 餘如廣弘明集하니라 罽賓禪師는 卽耶舍三藏이라

『광홍명집廣弘明集』[209]에 설한 것을 보면 원공遠公[210]이 석굴에 부처님

---

209 『광홍명집廣弘明集』은, 唐나라 도선율사道宣律師(南山律宗의 始祖)가 지었으며, 十五卷이다. 『광홍명집』이라고 한 등은, 그 본문을 기준하건대 곧 처음에 원공이 석굴에 부처님의 그림자를 찬탄한 것이 있다 한 등으로부터 아래(영인본 화엄 3책, p.88, 10행) 공력이 낭겁을 인유한 것이 아니다 한 것에 이르기까지가 다 저 『광홍명집』의 말이다. 그러나 그 가운데 오직 서역기제팔역설西域記第八亦說이라는 七字(영인본 화엄 3책, p.88, 1행)가 저 『광홍명집』에는 없나니, 곧 이것은 반드시 초가가 더한 바이다. 역시 『잡화기』의 말이다.

210 遠公은, 여산廬山 동림사東林寺 혜원慧遠법사이다.

의 그림자를 찬탄한 것이 있나니,

그 처소가 이 『관불삼매경』으로 더불어 온전히 같다.

말하자면 서역 나가하라의 나라 남산 옛날 신선들(古仙)이 살던 석실 가운데 계시니, 유사流沙라는 땅을 지나 그 길을[211] 감에 여기에서 가는 거리가 일만 오천팔백오십 리이다. 세상이 감동케 함에 응한[212] 것은 『별전別傳』에 갖추어 있다[213] 하였다.

『서역기』 제팔권에도 또한 설하였다.

원공의 서문에 말하기를 옛날에 서역의 사문을 만나 문득 그 지방으로 유행한[214] 스님들의 말을 전하여 듣고 부처님의 그림자가 있는 줄 알았지만 전하는 사람이 오히려 분명하지 않더니, 급기야 이 산[215]에 있으면서 계빈선사罽賓禪師와 남국율학도사南國律學道士[216]를 만나 보니 옛날에 소문과 더불어 이미 같고, 아울러 그분들이 유력遊歷하여 지나온 바거늘, 그분들을 인하여 자세하게 묻고 이에 그곳을 지도까지 하여 비에 새겨(碑銘) 말하기를[217]

---

211 사沙 자와 경逕 자 사이에 『광홍명집』에는 종從 자가 있다.

212 세상이 감동케 함에 응한다고 한 것은, 영험한 기록을 말한다.

213 『별전』에 갖추어 있다고 한 것은, 『광홍명집』에는 상어전기詳於前記라 하였다.

214 원문에 손유방飧遊方이라고 한 것은, 손飧은 듣는다, 전하여 듣는다, 들어먹다는 뜻이다. 또 손飧은 오히려 포문飽聞으로 듣기 싫도록 듣는다는 뜻이라 할 것이다. 유방遊方은 유방승遊方僧으로 사방으로 다니는 스님이다.

215 此山은 廬山 東林寺이다.

216 남국율학도사南國律學道士는, 곧 도선율사이다.

217 비에 새겨 말하기를 운운은, 처음에 두 구절은 만약 법신을 의거한다면

확연하다 대상大象[218]이여,

그 신리神理는 현묘하여 이름할 수 없도다.

신리를 체달하여 화문化門[219]에 들어가셨지만

그림자만 남겨두고 형체는 떠나셨도다.

빛을 충계 바위[220] 틈에 돌게 하시고

---

곧 진리가 현묘하고 현묘하여 이름도 없고 모습도 없는 것이요, 다음에 두 구절은 신리를 체달하여 화문에 들어가는 까닭으로 다만 그 그림자만 있고 실로 그 형체는 없다. 혹 말하기를 이미 신리를 체달하였기에 용굴에 들어가 저 중생을 교화하되 오직 그 그림자만 머물러 두고 그 몸은 곧 머물러 두지 않는 것이다 하니, 만약 이 해석을 짓는다면 다음에 두 구절로 더불어 거듭 해석하는 측면이 있다 염려할 것이다. 다음에 두 구절은 용굴에 들어가 그림자 모습을 머물러 두는 사실을 바로 밝힌 것이니 충계 바위와 빈 정자는 다 석굴을 가리키고, 빛을 돌이키고 빛을 엉기게 하는 것은 곧 그 그림자를 머물러 두는 것이다. 다음에 두 구절은 부처님이 완연히 그 석굴에 몸을 벗어 놓고 나와 떠나가신 것이 마치 매미가 허물을 벗고 나온 것과 같지만, 그러나 또한 능히 수많은 용들이 조종하여 앉는 것을 밝힌 것이다. 완완婉婉이라고 한 것은 용이 나는 모양이다. 혹은 말하기를 완婉은 아름다운 얼굴이니 곧 완연히 벗어났다고 한 것은 완연히 그림자를 벗어났다는 것이다 하였다. 마지막에 두 구절은 비록 곳곳에 응하여 나타나시지만 그러나 나타나는 바가 없이 나타나는 까닭으로 교화하는 자취가 이에 끊어져 오직 여여와 여여지만이 완연히 명합한다는 것이다. 양명兩冥이라 한 양兩 자는 다른 본에는 이而 자이다.

218 대상大象은, 부처님의 법신이다.

219 화문化門은, 교화할 곳이니 용의 굴이다.

빛을 빈 정자[221]에 엉기게 하셨도다.

음지[222]에 있으되 매昧하지 않으시고
어두운 곳에 거처하시되 더욱 밝으셨도다.

매미가 허물을 벗듯이[223] 완연히 벗어났지만
백령百靈[224]들이 조종朝宗하도다.

응應하심은 방소가 같지 않지만
자취가 끊어져 두 곳[225]에 명합하셨도다.(그 첫 번째 이야기)

망망한 우주(荒宇)를[226]

---

220 층계 바위는 석벽이다.

221 빈 정자는 석굴이다.

222 음지는 역시 석굴이다.

223 매미가 허물을 벗듯이 운운은, 부처님의 그림자만 매미가 허물을 벗듯이 남겨 두고 떠나갔지만 수많은 사람들이 모여온다는 것이다.

224 백령百靈은 모든 백성과 모든 신령을 말한다.

225 두 곳이라고 한 것은, 여기서는 응하는 여러 곳을 말한다. 양兩 자는 타본에는 이而 자이다. 여기에 두 곳이란, 여여如如와 여여지如如智이다.

226 망망한 우주라 한 두 번째 이야기 가운데 처음에 두 구절은 부처님의 큰 교화가 팔방 끝(八荒)에 생령生靈까지 보살펴 도우지(勸奬) 아니함이 없는 것이고, 다음에 두 구절은 석실石室에 그림자를 머물러 둔 것이 이 형상(影像)이 없는 형상임을 말하는 것이다. 혹은 말하기를 진신에 즉하여 응신을 나타낸 것이다 하니, 곧 위에 신리를 체달하여 화문에 들어간다 한 뜻이다.

권장勸奬[227]하지 아니함이 없으셨도다.

맑고 비어 얼굴을 찍으시고

공간(빈 굴)을 떨쳐 영상影像을 전하셨도다.[228]

---

다음에 두 구절은 그림자가 이미 밖에 나타난 까닭으로 모습이 갖추어진 것이고, 몸이 이미 안에 들어간 까닭으로 자체가 미묘한 것이다. 충沖 자는 수승하고 깊다는 뜻이고 자資 자는 형질의 뜻이다. 다음에 백호白毫 이하 두 구절은 가히 알 수 있을 것이다. 다음에 두 구절은 부처님이 저 용의 정성스런 근기에 감촉感觸이 있는 까닭으로 이에 응하여 나타나 설법함이 있음을 말한 것이니, 감感 자는 움직이는 마음의 뜻이고 구扣 자는 두드리다, 당기다의 뜻이다. 혹은 말하기를 저 중생이 가히 감동케 하는 정성과 능히 두드리는 근기를 인유한 까닭으로 이에 응함이 발동함이 있는 것이다 하였다. 다음에 두 구절은, 강사가 말하기를 부처님이 법음을 이 산굴에 머물러 두어 사람으로 하여금 그윽이 줄(賞) 진리를 다 깨닫게 하시는 것이다. 진津이란 행인이 왕래하는 처소에 통하는 것이니 곧 통달의 뜻이고, 명상冥賞이란 다른 곳에는 진리(理)라 한다 하였으니, 어리석은 나는(私記主) 곧 부처님이 그 법음을 머물러 두어 저 깨달아 들어가는 사람에게 나루의 뗏목이 되어 그윽이 주는 바가 있는 것이다 할 것이다. 상賞은 자휘(字彙－字典이다)에 말하기를 무릇 주는 것(貽輿)을 상이라 한다 하였다.

마지막에 두 구절은, 그러한즉 다만 이 여래가 만지고 길러 저 용으로 하여금 깨달음이 있게 할지언정 그 깨달아 알게 하는 공력이 실로 저 낭석(왕석, 낭겁)의 인연을 인유한 것은 아니니, 저는 이미 독룡인 까닭이라 말하는 것이다.

227 권장勸奬이라고 한 것은, 여기서는 보편적 권장을 말하는 것이 아니라 권勸은 보살핀다는 뜻이고, 장奬은 도운다는 뜻이다.

228 빈 공간이란, 석굴이고, 영상이란, 부처님의 영상이다. 그리고 전한다고 한 것은, 머물러 둔다는 뜻이다.

모습이 갖추어졌지만 자체가 미묘하시니
깊은 자질(質影)[229]이 스스로 밝았도다.

백호에 빛을 토해내시니
어두운 밤중이 밝았도다.

감동케 하는 정성이[230] 지극하면 부처님이 이에 응하시고
중생이 두드리면 법음의 메아리를 일으키셨도다.

법음을 저 산굴에 머물러두시고
깨닫는 자에 나루터[231]가 되어 그윽이 주셨도다.

그가 와서 만지면[232] 알게 함이 있을지언정

---

229 원문에 자資 자는 자姿 자로 된 곳도 있나니, 자태의 뜻이라 하겠다.

230 감동케 하는 정성이라고 한 것은, 『잡화기』에 저 용의 정성에 감촉(촉감)이 있으면이라고 해석하기도 하였다.

231 원문에 진오津悟는, 『잡화기』에 깨달아 들어가는 사람에게 나룻배가 되어 그윽이 주는 바가 있는 것이라 해석하고, 그 당시 강사는 진오津悟를 통오通悟라 하고 명상冥賞을 진리라 하여 진리를 통달하여 깨닫게 해준다고 해석하였으니 참고할 것이다.

232 그가 와서 만지면이라고 한 등은, 용왕이 와서 굴에 있어 달라 청하기에 알게 하였을 뿐이고, 낭겁에 원력을 인유한 것은 아니다. 즉 그 용들을 제도하려고 원력으로 온 것은 아니라는 것이다. 『잡화기』에는 부처님이 저 용을 만져 알게 함이 있다고 해석하였다.

공력이 낭겁(수많은 세월)을 인유한 것은 아니다고 하였다.(그 두 번째 이야기[233])

나머지는 『광홍명집』과 같다.

계빈선사는 곧 야사耶舍삼장이다.

233 그 두 번째 이야기라고 한 것은, 차후로 제 다섯 번째 이야기까지 있다.

經

示現淨福主夜神은 得普使一切衆生으로 所樂滿足케하는 解脫門하니라

시현정복 주야신은 널리 일체중생으로 하여금 즐거워하는 바를 만족케 하는 해탈문을 얻었습니다.

疏

十은 本爲衆生일새 故成自德하야 令他樂滿케하니라

열 번째는 본래 중생을 위하기에
그런 까닭으로 스스로의 공덕을 성취하여
다른 사람으로 하여금 즐거워하는 것을 만족케 하는 것이다.

經

爾時에 普德淨光主夜神이 承佛威力하야 遍觀一切主夜神衆하고 而說頌言호대

汝等應觀佛所行하라　廣大寂靜虛空相이며
欲海無涯悉治淨케하사　離垢端嚴照十方이니다

그때 보덕정광 주야신이 부처님의 위신력을 받아 두루 일체 주야신의 대중을 관찰하고 게송을 설하여 말하기를,

그대 등은 응당히 부처님이 행하신 바를 관찰하세요.
광대하고 적정한 허공의 모습이시며
욕망의 바다 그 끝없는 것을 다 다스려 청정케 하셔
때를 떠난 단엄한 모습으로 시방을 비추십니다.

疏

偈中에 十偈는 如次라 初中初句는 解脫之力으로 能觀이요 次句는 卽寂靜樂이니 神以此定으로 觀佛此體라 故로 下經云호대 普見三世佛이나 而無取著하나니 以知如來無相하며 性相本空故라하니 故云寂靜虛空相也라하니라 次句는 卽大勇健이니 準下經인댄 則自他兼淨也라 次句는 定果也라 上約佛說이어니와 若約神說인댄

卽四句가 皆是定用이니 以住此解脫하야 能見佛體用과 因果故니라

게송 가운데 열 게송은 차례와 같다.[234]

처음 게송 가운데 처음 구절은 해탈의 힘으로써 능히 관찰하는 것이요,

다음 구절은 곧 앞에 적정락이라 한 것이니,

보덕정광 주야신이 이 삼매로써 부처님의 이 몸을 관찰하는 것이다.

그런 까닭으로 아래의 경[235]에 말하기를 널리 삼세의 부처님을 친견하지만 취착함이 없나니,

여래는 모습이 없으며 자성과 모습이 본래 공한 줄 아는 까닭이라 하였으니,

그런 까닭으로 말하기를 적정한 허공의 모습이라 하였다.

다음 구절은 곧 위에 대용건이라 한 것이니,

아래의 경을 기준한다면 곧 자·타를 겸하여 청정케 하는 것이다.

다음 구절은 삼매의 결과이다.

이상은 부처님을 잡아서 설하였거니와, 만약 신神[236]을 잡아 설한다면 곧 네 구절이 다 삼매의 작용이니

이 해탈에 머물러서 능히 부처님의 체용體用과 인과因果를 보는 까닭이다.

---

234 차례와 같다고 한 것은, 장행문의 차례와 같다는 것이다.

235 아래의 경이라고 한 것은, 입법계품 보덕정광 주야신을 말한 곳이니, 보덕정광 주야신은 제 서른두 번째 선지식이다.

236 천天 자는 신神 자의 잘못이라 고쳤다.

經

一切世間咸樂見이나　　無量劫海時一遇하며
大悲念物靡不周하나니　此解脫門觀世覩이니다

導師救護諸世間이나　　衆生悉見在其前하시며
能令諸趣皆淸淨케하시니 如是護世能觀察이니다

일체 세간이 다 즐겁게 친견하려 하지만
한량없는 세월의 바다 시절에 한 번 만나며
대비로 중생을 생각하기를 두루하지 아니함이 없나니
이 해탈문은 희안관세 주야신이 보았습니다.

도사가 모든 세간을 구호하시지만
중생들은 다 그들 앞에만 있음을 보며,
능히 제취諸趣 중생들로 하여금 다 청정케 하시니
이와 같은 것은 호세정기 주야신이 능히 관찰하였습니다.

疏

二三은 可知라

두 번째 게송과 세 번째 게송은 가히 알 수가 있을 것이다.

經

佛昔修治歡喜海는　廣大無邊不可測일새
是故見者咸欣樂하나니　此是寂音之所了이니다

부처님이 옛날에 닦아 다스린 환희의 바다는
광대하여 끝이 없고 가히 측량할 수 없기에
이런 까닭으로 보는 사람이 다 기뻐하나니
이것은 적정해음이 요달한 바입니다.

疏

四中에 稱理遍喜가 爲廣大無邊이요 縱內心不搖나 而外現威怒가 更深難測이라

네 번째 게송 가운데 이치에 칭합하여 두루 기쁘게 하는 것이 광대하여 끝이 없는 것이 되는 것이요,
비록 안으로 마음이 요동하지 않지만 그러나 밖으로 위세(威怒)[237]를 나타내는 것이 다시 깊어 측량하기 어려운 것이 되는 것이다.

---

237 위세란, 원문에는 위노威怒이니, 怒는 '기세 노' 자이기에 위세라 번역한 것이다.

經

如來境界不可量하야　寂而能演遍十方하사
普使衆生意淸淨케하시니 尸利夜神聞踊悅이니다

여래의 경계는 가히 헤아릴 수 없어서
적정에 즉하여 능히 연설하시길 시방에 두루하게 하여
널리 중생으로 하여금 마음을 청정케 하시니
시리[238] 주야신이 듣고 뛰면서 기뻐하였습니다.

疏

五는 以寂故로 能遍이라

다섯 번째 게송은 적정한 까닭으로 능히 두루한 것이다.

---

238 시리는, 장행문에 보현길상이라 하였다.

經

佛於無福衆生中에　　大福莊嚴甚威懼하사
示彼離塵寂滅法하시니　普發華神悟斯道이니다

부처님이 복이 없는 중생 가운데
큰 복덕으로 장엄하시고 매우 위세롭게 하여
저들에게 번뇌를 떠난 적멸한 법을 보이시니
보발수화 주야신이 이 도를 깨달았습니다.

疏

六은 以衆生이 本來自盡일새 故是寂滅이라 是以로 智窮妄末에 理無不顯이요 妄徹眞源에 惑無不盡이니 喜方滿足이라 餘四는 可知라

여섯 번째 게송은 중생이 본래 스스로 번뇌를 다하였기에[239] 그런 까닭으로 적멸한 것이다.
이런 까닭으로 지혜가 허망(妄)의 끝을 다함에 진리가 나타나지 아니함이 없고,
허망(妄)이 진리(眞)의 근원을 사무침에 망혹이 다하지 아니함이

239 자진自盡은, 『잡화기』에 중생상이 본래 스스로 다한 것을 말하는 것이다. 진盡은 혹 정淨이라 하기도 한다.

없나니,

환희가 바야흐로 만족한 것이다.[240]

나머지 네 게송[241]은 가히 알 수가 있을 것이다.

240 환희가 바야흐로 만족한 것이라 한 것은, 장행문에 광명이 만족하여 광대하게 환희한다는 말을 뜻으로 인용한 것이고, 이 이전은 다 이 게송의 말이다.

241 나머지 네 게송이란, 이 아래 7, 8, 9, 10의 네 게송이다.

經

十方普現大神通하사 一切衆生悉調伏하시며
種種色相皆令見케하시니 此護育神之所觀이니다

如來往昔念念中에 悉淨方便慈悲海로
救護世間無不遍하시니 此福樂神之解脫이니다

衆生愚癡常亂濁하며 其心堅毒甚可畏일새
如來慈愍爲出興하시니 此滅怨神能悟喜이니다

佛昔修行爲衆生하사 一切願欲皆令滿케하고
由是具成功德相하시니 此現福神之所見이니다

시방에 널리[242] 큰 신통을 나타내어
일체중생을 다 조복하시며
가지가지 색상을 다 하여금 보게 하시니
이것은 평등호육 주야신이 관찰한 바입니다.

여래가 지나간 옛날 생각 생각 가운데

242 시방에 널리 운운한 게송은, 위의 장행문 소문(영인본 화엄 3책, p.84, 6행)에 현통시상現通示相이라 하였으니, 현통現通은 제일구에 시방보현대신통十方普現大神通이고, 시상示相은 제삼구에 종종색상개령견種種色相皆令見이다.

다 청정케 한 방편과 자비의 바다로
세간을 구호하시길 두루하지 아니함이 없으시니
이것은 유희복락[243] 주야신의 해탈입니다.

중생이 어리석어 항상 산란하고 혼탁하며
그 마음은 굳고 표독하여 심히 두렵기에
여래가 자비로 어여삐 여겨 출흥하시니
이것은 멸원滅冤[244] 주야신이 능히 깨달아 기뻐한 것입니다.

부처님이 옛날에 수행하여 중생을 위하여
일체 서원과 욕망을 다 하여금 만족케 하시고
이로 인유하여 공덕의 모습을 갖추어 성취하셨으니
이것은 시현정복 주야신이 본 바입니다.

---

243 복락福樂은, 장행문에 쾌락快樂이라 하였다.

244 멸원滅冤은, 장행문에 제근상희諸根常喜라 하였으니, 멸원과 근접점을 찾아야 한다. 원수를 소멸하면 제근이 항상 기쁠 것이라고.

經

復次 遍住一切主方神은 得普救護力의 解脫門하며

다시 변주일체 주방신은[245] 널리 구호하는 힘의 해탈문을 얻었으며,

疏

第三은 主方神이니 十法이라 一은 現身說法하야 令悟得果가 皆救護力이라

제 세 번째는 주방신이니
십법이 있다.
첫 번째는 몸을 나타내어 법을 설하여
하여금 깨달아 과보(果)를 얻게 하는 것이 다 구호하는 힘이다.

245 변주일체 주방신이라고 한 아래는 제 여덟 번째 난득행에 속한다.

經

現光明主方神은 得成辦化一切衆生神通業하는 解脫門하며

보현광명 주방신은 일체중생을 교화하는 신통의 업을 이루어 갖추는 해탈문을 얻었으며,

疏

二는 神通示相은 是能成辦業이요 衆生出苦는 是所成辦業이라

두 번째는 게송에 신통으로 모든 상을 보인다[246]고 한 것은
이것은 능히 이루어 갖춘 업이요,
중생이 고통을 벗어난다고 한 것은
이것은 이루어 갖출 바 업이다.

246 원문에 신통시상神通示相이라고 한 것은, 아래 제 두 번째 게송을 뜻으로 인용한 것이니, 신통은 게송에 첫 번째 구절이고, 시상示相은 게송에 제 두 번째 구절이다.

經

光行莊嚴主方神은 得破一切闇障하야 生喜樂大光明케하는 解脫門하며

광행장엄 주방신은 일체 어둠의 장애를 깨뜨려 기뻐하고 즐거워하는 큰 광명을 내게 하는 해탈문을 얻었으며,

疏

三은 法光破闇하면 闇斷智生이니 智與法喜俱生이요 斷以寂滅爲樂이라

세 번째는 진리의 광명으로 어둠을 깨뜨리면
어둠은 끊어지고 지혜는 생겨나나니
지덕智德은 법희法喜로 더불어 함께 생겨나고
단덕斷德은 적멸로써 즐거움을 삼는 것이다.

經

周行不礙主方神은 得普現一切處나 不唐勞하는 解脫門하며

주행불애 주방신은 널리 일체 처소에 나타나지만 헛되이 수고하지 않는 해탈문을 얻었으며,

疏

四는 普現說法에 聞必惑滅일새 故不唐勞니라

네 번째는 널리 나타나 법을 설함에
들은 사람은 반드시 의혹을 제멸하기에
그런 까닭으로 헛되이 수고하지 않는다 하였다.

經

永斷迷惑主方神은 得示現等一切衆生數名號하야 發生功德하는 解脫門하며

영단미혹 주방신은 일체중생의 수와 같이 명호를 시현하여 공덕을 발생하는 해탈문을 얻었으며,

疏

五는 聖人無名이나 隨物立名이니 貴在生德하고 及滅惑耳니라

다섯 번째는 성인은 이름을 붙일 수 없지만
중생을 따라 이름을 세우나니,
그 귀함이 공덕을 발생하고
그리고 미혹을 멸제함에 있을 뿐이다.

經

遍遊淨空主方神은 得恒發妙音하야 令聽者皆歡喜케하는 解脫門하며

변유정공 주방신은 항상 묘한 음성을 일으켜 듣는 사람으로 하여금 다 환희케 하는 해탈문을 얻었으며,

雲幢大音主方神은 得如龍普雨하야 令衆生歡喜케하는 解脫門하며

운당대음 주방신은 용과 같이 널리 비를 내려 중생으로 하여금 환희케 하는 해탈문을 얻었으며,

疏

六七은 可知라

여섯 번째와 일곱 번째는 가히 알 수가 있을 것이다.

經

髻目無亂主方神은 得示現一切衆生의 業無差別하는 自在力의 解脫門하며

계목무란 주방신은 일체중생의 업이 차별이 없음을 시현하는 자재한 힘의 해탈문을 얻었으며,

疏

八은 業同性空이나 並不失報가 俱無差異이요 性相無礙가 爲自在力이니 說能感報하야 令除惡業하고 說業性空하야 善業亦亡이라

여덟 번째는 업은 다 자성이 공하였지만 아울러 과보를 잃지 않는 것이[247] 모두 차별이 없는 것이 되고,
자성(性)과 모습(相)이 걸림이 없는 것이 자재한 힘이 되는 것이니 능히 감득하는 과보를 설하여 하여금 악업을 제멸하게 하고,
업의 자성이 공함을 설하여 선업도 또한 잃게 하는 것이다.

247 자성이 공하였다고 한 것은 자성(性)이고, 과보를 잃지 않았다고 한 것은 모습(相)이다.

經

普觀世業主方神은 得觀察一切趣生中에 種種業하는 解脫門하며

보관세업 주방신은 일체 제취諸趣의 중생 가운데 가지가지 업을 관찰하는 해탈문을 얻었으며,

疏

九는 前約說業性相하야 令物絕業이요 此約知業差別하야 擬隨機化라

아홉 번째는 앞[248]에서는 업의 자성과 모습(性相)을 설함을 잡아서 중생으로 하여금 업을 끊게 하였고,
여기서는 업이 차별한 줄 앎을 잡아서 근기를 따라 교화할 것을 생각하는[249] 것이다.

---

248 앞이란, 바로 앞에 제 여덟 번째이다.

249 원문에 의擬 자는 혹 욕欲 자로 보기도 하나니, 즉 근기를 따라 교화하고자 하는 것이다라고 해석할 수도 있다는 것이다.

經

周遍遊覽主方神은 得所作事皆究竟하야 生一切衆生歡喜케하는 解脫門하니라

주변유람 주방신은 하는 바 일을 다 구경까지 하여 일체중생에게 환희를 내게 하는 해탈문을 얻었습니다.

疏

十은 世人은 靡不有初나 鮮克有終거니와 今聖人은 有志有能일새 故로 所作究竟이라 世人은 以人隨欲일새 不能兼亡거니와 今有慈有愍일새 故令物喜케하나니 謂十波羅蜜을 無不究竟하며 四無量心으로 令物歡喜케하니라

열 번째는 세간 사람들은 처음이 있지 아니함이 없지만 마침이 있음에 능하는 이는 드물거니와, 지금에 성인은 의지도 있고 능함도 있기에 그런 까닭으로 하는 바를 구경까지 하는 것이다.
세간 사람들은 사람으로써 욕망을 따르기에 능히 겸하여 잃지[250]

250 겸망兼亡이라 한 그 겸兼이란 자기와 다른 사람을 말한다. 『잡화기』는 지금의 소의 뜻은 망亡을 겸兼하다고 해석해야 한다고 말하고 있다. 그리고 그 망亡 자는 무無 자의 뜻이라 하였다. 그러나 무無 자의 뜻이라 해도 함께 없다고 해석하면 된다. 그런데 『잡화기』는 왜 굳이 망亡을 겸한다고 해석하는지 의문이다.

못하거니와, 지금에 성인은 자비도 있고 어여삐 여김도 있기에
그런 까닭으로 중생으로 하여금 환희케 하나니,
말하자면 십바라밀을 구경까지 수행치 아니함이 없으며,
사무량심으로써 중생으로 하여금 환희케 하는 것이다.

鈔

世人은 靡不有初等者는 本卽毛詩어늘 王註周易에도 亦用此言하니 靡는 無也며 鮮은 少也며 克은 能也라하니라 世人은 以人隨欲者는 書云호대 小人은 以人從欲하고 君子는 以欲從人이라하니라 言不能兼亡者는 亡은 無也라 然이나 兩字相連하면 卽莊子意니 而亡字에 有心하면 則自他相忘하야 不恃己功也어니와 今云兼於無道之人耳니라

세간 사람들은 처음이 있지 아니함이 없다고 한 등은 본시 곧 『모시毛詩』의 말이거늘, 왕필王弼이 주註한 『주역』에도 또한 이 말을 인용하였으니 미靡는 무無의 뜻이며, 선鮮은 소少의 뜻이며, 극克은 능能의 뜻이라 하였다.
세간 사람들은 사람으로써 욕망을 따른다고 한 것은, 『서전書傳』에 말하기를 소인小人은 사람으로써 욕망을 좇고 군자는 욕망으로써 사람을 좇는다고 하였다.
능히 겸하여 잃지 못한다고 한 것은 망亡은 무無의 뜻이다.
그러나 두 글자를[251] 서로 연속하면 곧 장자의 뜻이니
망亡 자에 심心 자가 있으면[252] 곧 자自·타他를 서로 잃어서 자기의

공을 믿지 않는다는 뜻이거니와, 지금에는 도道가 없는 사람까지도 겸하여 제도한다[253]는 뜻을 말한 것이다.

---

251 그러나 두 글자라고 한 등은, 말하자면 지금에 소가의 뜻으로는 겸兼 자와 망亡 자가 서로 이어지는 말이 아니라면 곧 亡을 兼하다로 해석할 것이니 망亡 자는 무無 자로 더불어 같기 때문이고, 만약 저 『장자』의 뜻으로는 겸 자와 망 자가 이어지는 말이 아니니 곧 兼하여 亡하다로 해석할 것이니 망亡 자는 당연히 망忘 자로 할 것이다. 이상은 『잡화기』의 말이다. 그러나 나는 겸망兼亡이라 하든지 겸망兼忘이라 하든지 번역은 똑같이 '함께 없다, 함께 잃는다'로 해석하면 된다고 말할 것이다.

252 망亡 자에 심心 자가 있다고 한 것은, 곧 망忘 자를 말하는 것이다.

253 지금에는 도道가 없는 사람까지도 겸하여 제도한다고 한 것은, 이 위에 장자의 뜻은 도가 높은 사람은 교만하지 않는다는 뜻이고, 지금 여기에 부처님의 뜻은 도가 있거나 없거나 끝까지 모두 다 제도한다는 뜻이다.

經

爾時에 遍住一切主方神이 承佛威力하야 普觀一切主方神衆하고 而說頌言호대

그때 변주일체 주방신이 부처님의 위신력을 받아 널리 일체 주방신의 대중을 관찰하고 게송을 설하여 말하기를,

疏

頌中次第는 配釋하면 可知라

게송 가운데 차례는 장행문과 배대하여 해석하면 가히 알 수가 있을 것이다.

經

如來自在出世間하사　　教化一切諸群生하대
普示法門令悟入케하시고　悉使當成無上智하샷다

神通無量等衆生하야　　隨其所樂示諸相하사
見者皆蒙出離苦케하시니　此現光神解脫力이니다

佛於闇障衆生海에　　爲現法炬大光明하사
其光普照無不見케하시니　此行莊嚴之解脫이니다

具足世間種種音하사　　普轉法輪無不解하야
衆生聽者煩惱滅케하시니　此遍住神之所悟이니다

一切世間所有名에　　佛名等彼而出生하사
悉使衆生離癡惑케하시니　此斷迷神所行處이니다

若有衆生至佛前하야　　得聞如來美妙音하면
莫不心生大歡喜케하시니　遍遊虛空悟斯法이니다

佛於一一刹那中에　　普雨無邊大法雨하사
悉使衆生煩惱滅케하시니　此雲幢神所了知이니다

一切世間諸業海를　　佛悉開示等無異하사
普使衆生除業惑케하시니　此髻目神之所了이니다

一切智地無有邊하사　　一切衆生種種心을
如來照見悉明了하시니　此廣大門觀世入이니다

佛於往昔修諸行하사　　無量諸度悉圓滿하시며
大慈哀愍利衆生케하시니　此遍遊神之解脫이니다

여래는 자재하여 세간을 벗어나
일체 모든 중생을 교화하되
널리 법문을 보여 하여금 깨달아 들어가게 하시고
다 하여금 마땅히 더 이상 없는 지혜를 이루게 하셨습니다.

신통은 한량이 없어 중생과 같아서
그들이 좋아하는 바를 따라 모든 모습을 보여
보는 사람으로 다 고통에서 벗어남을 입게 하시니
이것은 보현광명 주방신의 해탈력입니다.

부처님이 어둠으로 가려 있는 중생의 바다에
진리의 횃불 큰 광명을 나타내어
그 광명으로 널리 비추어 보지 않는 이가 없게 하시니
이것은 광행장엄 주방신의 해탈입니다.

세간에 가지가지 음성을 구족하여
널리 법륜을 전하여 알지 못함이 없게 하여
중생이 듣는 이로 번뇌를 소멸케 하시니
이것은 변주[254]불애 주방신이 깨달은 바입니다.

일체 세간에 있는 바 중생의 이름에
부처님의 이름을 저 이름과 똑같이 출생하여
다 중생으로 하여금 어리석음의 미혹[255]을 떠나게 하시니
이것은 영단미혹 주방신이 행한 바 처소입니다.

만약 어떤 중생이라도 부처님 앞에 이르러
여래의 미묘한 음성을 듣게 되면
마음에 큰 환희를 내지 아니함이 없게 하시니
변유허공[256] 주방신이 이 법을 깨달았습니다.

부처님이 낱낱 찰나 가운데
널리 끝없는 큰 진리의 비를 내려
다 중생으로 하여금 번뇌를 소멸케 하시니
이것은 운당대음 주방신이 요달하여 안 바입니다.

---

254 변주遍住는, 장행문에 주행周行이라 하였다.

255 치혹癡惑은, 장행문에 멸혹滅惑이라 하여 다만 혹惑이라고만 하였다.

256 허공은, 장행문에 정공淨空이라 하였다.

일체 세간에 모든 업의 바다를
부처님이 다 열어 보이되 똑같게 다름이 없이 하여
널리 중생으로 하여금 업혹을 제멸케 하시니
이것은 계목무란 주방신이 요달하여 안 바입니다.

일체 지혜의 지위는 끝이 없어서
일체중생의 가지가지 마음을
여래가 비추어 보아 다 분명하게 아시니
이 광대한 문에는 보관세업 주방신이 들어갔습니다.

부처님이 지나간 옛날 모든 행을 닦아서
한량없는 모든 바라밀(諸度)을 다 원만히 하였으며
큰 자비와 어여삐 여김으로 중생을 이익케 하였으니
이것은 주변유람 주방신의 해탈입니다.

經

復次 淨光普照主空神은 得普知諸趣에 一切衆生心하는 解脫門하며

다시 정광보조 주공신은[257] 널리 제취諸趣에 일체중생의 마음을 아는 해탈문을 얻었으며,

疏

第四는 主空神이니 長行十法이라 一은 智慧造理하면 則十眼廣照요 日月合空하면 則萬像歷然이라

제 네 번째는 주공신이니
장행문에 십법이 있다.
첫 번째는 지혜가 진리에 나아가면 곧 십안十眼이 널리 비추고 일日·월月이 허공에 합하면 만상이 분명한 것이다.

257 정광보조 주공신이라 한 이하는 제 일곱 번째 무착행에 속한다.

經

普遊深廣主空神은 得普入法界하는 解脫門하며

보유심광 주공신은 널리 법계에 들어가는 해탈문을 얻었으며,

疏

二는 身智二光이 遍入法界라

두 번째는 신身·지智의 두 광명이
두루 법계에 들어가는 것이다.

經

生吉祥風主空神은 得了達無邊境界身相하는 解脫門하며

생길상풍 주공신은 끝없는 경계의 신상身相을 요달하는 해탈문을 얻었으며,

疏

三은 佛身如空은 是無邊境이요 無生無染은 爲吉祥風이라

세 번째는 게송에 부처님의 몸이 허공과 같다고 한 것은 이것은 끝없는 경계가 되는 것이요,
난 적도 없고 취염取染할 바도 없다[258]고 한 것은 길상풍이 되는 것이다.

---

258 원문에 무생무염無生無染이란, 게송에 무생무소취無生無所取라 하였다.

經

離障安住主空神은 得能除一切衆生業惑障하는 解脫門하며

이장안주 주공신은 능히 일체중생의 업혹에 장애를 제멸하는 해탈문을 얻었으며,

疏

四는 廣說聖道하면 則離三障하야 安住二空이라

네 번째는 널리 성스러운 도를 설하면
곧 삼장三障[259]을 떠나
이공二空에 안주할 것이다.

259 삼장三障은, 피번뇌장皮煩惱障과 육번뇌장肉煩惱障과 심번뇌장心煩惱障이다.

經

廣步妙髻主空神은 得普觀察思惟廣大行海하는 解脫門하며

광보묘계 주공신은 널리 광대한 행의 바다를 관찰하고 사유하는 해탈문을 얻었으며,

疏

五는 上求下化는 名廣大行이요 爲安衆生은 如妙髻焉이라

다섯 번째는 위로 보리를 구하고 아래로 중생을 교화하는 것은 광대한 행이라 이름하는 것이요,
중생을 편안하게 하는 것은 묘계妙髻신과 같은 것이다.[260]

260 중생을 편안하게 하는 것은 묘계妙髻신과 같다고 한 것은, 아래 게송에 실위안세간悉爲安世間하니 묘계행사경妙髻行斯境이라 하였다. 즉 묘계주공신은 왕석에 모은 바 보리행으로 세간을 편안케 한 부처님의 그 경계를 실행하였다는 뜻이다.

經

無礙光焰主空神은 得大悲光으로 普救護一切衆生厄難하는 解脫門하며

무애광염 주공신은 대비의 광명으로 널리 일체중생의 액난을 구호하는 해탈문을 얻었으며,

疏

六은 沈生死之厄難을 悲智光以濟之니라

여섯 번째는 생사의 액난에 빠진 이를
자비와 지혜의 광명으로 건져주는 것이다.

經

無礙勝力主空神은 得普入一切나 無所著福德力의 解脫門하며

무애승력 주공신은 널리 일체에 들어가지만 집착하는 바가 없는 복덕력의 해탈문을 얻었으며,

疏

七은 不礙福智로 相導를 是謂勝力이라

일곱 번째는 걸림이 없는 복덕과 지혜로 서로 인도하는 것을 이것을 수승한 힘이라 말하는 것이다.

經

離垢光明主空神은 得能令一切衆生으로 心離諸蓋淸淨케하는 解脫門하며

이구광명 주공신은 능히 일체중생으로 하여금 마음에 모든 번뇌(蓋)를 떠나 청정케 하는 해탈문을 얻었으며,

疏

八은 惑由智遣이라

여덟 번째는 번뇌(惑)[261]는 지혜를 인유하여 보내는 것이다.

---

261 여기에 혹惑이라고 한 것은, 경문에 개蓋의 뜻이다.

經

深遠妙音主空神은 得普見十方에 智光明하는 解脫門하며

심원묘음 주공신은 널리 시방에 지혜의 광명을 보는 해탈문을 얻었으며,

疏

九는 妙音善說이라

아홉 번째는 묘음으로 잘 설하는 것이다.

經

光遍十方主空神은 得不動本處하고 而普現世間하는 解脫門하니라

광변시방 주공신은 본래의 처소를 움직이지 않고 널리 세간에 나타나는 해탈문을 얻었습니다.

疏

十은 不動本處하고 而稱周十方이라

열 번째는 본래의 처소를 움직이지 않고
시방에 칭합하여 두루한 것이다.

經

爾時에 淨光普照主空神이 承佛威力하야 普觀一切主空神衆하고 而說頌言호대

그때 정광보조 주공신이 부처님의 위신력을 받아 널리 일체 주공신의 대중을 관찰하고 게송을 설하여 말하기를,

疏

偈中十頌은 如次니라

게송 가운데 열 게송은 차례와 같다.

經

如來廣大目은　清淨如虛空하사
普見諸衆生호대　一切悉明了이니다

佛身大光明은　遍照於十方하사
處處現前住하시니　普遊觀此道이니다

佛身如虛空하사　無生無所取하며
無得無自性하나니　吉祥風所見이니다

여래의 광대한 눈은
청정하기가 허공과 같아서
널리 모든 중생을 보시되
일체를 다 분명하게 아십니다.

부처님의 몸에 큰 광명은
두루 시방을 비추어
곳곳마다 앞에 나타나 머무시나니
보유심광 주공신이 이 도를 보았습니다.

부처님의 몸은 허공과 같아서
난 적도 없고 취염取染[262]한 바도 없으며

얻은 적도 없고 자성도 없나니
생길상풍 주공신이 본 바입니다.

疏

三中에 空有四義나 含於五法이라 一은 離能取生이니 卽絕妄想이요 二는 離所取相이니 無相無名이요 三은 境無自性이니 卽是如如요 四는 心無所得이니 是爲正智라 迷如하야 以成名相하면 妄想是生하고 悟名相之本如하면 執翻成智니라 如外無智일새 智體卽如니 此二猶空하야 寂照無礙니라 如斯見佛을 是曰吉祥이라

세 번째 게송 가운데 허공에 네 가지 뜻이 있으나
다섯 가지 법을 포함하고 있다.
첫 번째는 능취의 생각(生)을 떠난 것이니 곧 망상을 끊은 것이요,
두 번째는 소취의 모습(相)을 떠난 것이니 모습(相)도 없고 이름(名)도 없는 것이요,
세 번째는 경계가 자성이 없는 것이니 곧 이것은 여여한 것이요,
네 번째는 마음에 얻을 바가 없는 것이니 이것은 바른 지혜가 되는 것이다.
진여를 미하여 이름(名)과 모습(相)을 이루면 망상이 일어나고,
이름과 모습이 본래 진여인 줄 깨달으면 집착이 바뀌어 지혜를 이루는 것이다.

262 취염取染이라고 한 것은, 장행문에는 다만 염染이라고만 하였다.

진여 밖에 지혜가 없기에 지혜 자체가 곧 진여이니,
이 둘이 허공과 같아서 고요한 것(寂)과 비추는 것(照)이 걸림이 없는 것이다.
이와 같이 부처님을 보는 것을 이것을 길상吉祥이라 말하는 것이다.

鈔

空有四義나 含於五法者는 四義는 卽無生等이요 五法은 卽名等이라 今當先釋五法하고 後消疏文하리라 五法은 經論皆具하니 且依楞伽하야 列次者인댄 卽名相妄想과 正智如如로 以爲其次요 若瑜伽七十二云인댄 一은 相이요 二는 名이요 三은 分別이요 四는 眞如요 五는 正智니 分別은 卽妄想異名이라 相은 謂言談安足事處요 名은 卽於相所有에 增語요 分別은 謂三界行中에 所有心心所요 眞如는 謂無爲法이니 無我所顯이며 聖智所行으로 非一切言談安足事處니라 正智는 略有二種하니 一은 唯出世間正智요 二는 世間出世間正智라하니 釋曰 上卽根本이요 下卽後得이라 此之五法이 爲假爲實가 然이나 相은 通假實하며 亦具假實의 二有라 名은 唯假有라 分別은 同相이니 以有三界에 心心所實法일새 故是實有요 若虛妄計度인댄 故是假有니라 眞如는 唯實有라 二智는 俱實有라 此五는 二諦에 何諦所攝가 前三은 世俗有요 眞如는 勝義有요 根本智는 勝義有요 後得智는 通二有라 五從何生가 名은 從欲生이요 相與分別은 俱從相分別生이요 眞如는 無生이요 智는 從聽聞正法하고 如理作意生이라 此之五法이 爲一爲異아 今且將相하야 望餘四法하고 論異不異者인댄 一은 相與

名若異인댄 名은 應實有요 若不異인댄 取相應得名이라 二는 相與分別若異인댄 則分別은 應非相이요 若不異인댄 分別外相이 應以分別로 爲性이라 三은 相與眞如若異인댄 則相之勝義는 應非是如일새 觀者가 應捨相求如하며 正覺眞如하고 應不覺相이요 若不異인댄 眞如는 無差別일새 相亦無差別하야 得相之時에 應得眞如하며 又得眞如時에 亦應得相이니 應不淸淨이라 四는 相與正智는 如相與分別說이라 應知名與分別과 及正智와 及分別於正智에도 皆當言異하리라 餘略하니 可知니라 已知五法의 名相差別하니 今當消疏하리라

허공에 네 가지 뜻이 있으나 다섯 가지 법을 포함하였다고 한 것은,
네 가지 뜻이라고 한 것은 곧 난 적이 없다는 등이요,
다섯 가지 법이라고 한 것은 곧 명名 등이다.
지금에 마땅히 먼저 다섯 가지 법을 해석하고 뒤에 소문疏文을 소석消釋하겠다.
다섯 가지 법은 『능가경』과 『유가론』에 다 구족하였으니
우선 『능가경』을 의지하여 차례를 열거한다면 곧 명名과 상相과 망상妄想과 정지正智와 여여如如로 그 차례가 되어 있고
만약 『유가론』 칠십이권을 의지하여 말한다면
첫 번째는 상相이요,
두 번째는 명名이요,
세 번째는 분별分別이요,
네 번째는 진여眞如요,
다섯 번째는 정지正智이니,

분별은 곧 망상의 다른 이름이다.

상相은 말하자면 말이 발을 붙이(安着)는 사실의 처소[263]요,

명名은 곧 저 상相[264]이 있는 바 처소에 말을 더하는[265] 것이요,

분별分別은 말하자면 삼계의 행위 가운데 있는 바 심心과 심소心所요,

진여眞如는 말하자면 무위[266]법無爲法이니

무아無我에서 나타나는 바이며,

성지聖智에서 행하는 바로 일체 말이 발을 붙이는 사실의 처소가 아니다.

정지正智는 간략하게 두 가지가 있나니

첫 번째는 오직 출세간의 정지요,

두 번째는 세간[267]과 출세간의 정지다 하였으니,

해석하여 말하면 위의 것은 곧 근본지요,

아래 것은 곧 후득지이다.

이 다섯 가지 법[268]이 거짓(假)이 되는가 진실(實)이 되는가.

---

263 말이 발을 붙이는 사실의 처소라고 한 것은, 말을 한 곳을 말한다. 원문에 事處는 『유가론』 72권에는 處事라 하였다.

264 명名은 곧 저 상相이라 한 등은, 모습(相)은 이름(名)을 인하여 나타나는 까닭으로 名은 상가相家에 있는 바 처소를 더 잘 나타내는 말이 이것이다. 이상은 다 『잡화기』의 말이다.

265 말을 더한다고 한 것은, 모습을 보고 말을 하는 것을 말한다.

266 무위無爲라는 두 글자는 『유가론』에는 없고, 초가鈔家가 첨가한 것이다.

267 두 번째 세간 등이라고 한 것은, 안립을 반연하는 쪽(邊)으로는 세간이고, 비안립을 반연하는 쪽으로는 출세간이라고 『잡화기』는 말한다.

268 이 다섯 가지 법이라고 한 아래는, 또다시 『유가론』의 말이다.

그러나 상相은 거짓과 진실에 통하며 또한 거짓과 진실의 두 가지를 갖추고도 있다.[269]

명名은 오직 가假만 있다.[270]

분별分別은 상相과 같나니[271]

삼계 가운데 심心과 심소心所의 실법實法이 있기에 그런 까닭으로 이 진실(實)[272]도 있고, 만약 허망하게 헤아린다면 그런 까닭으로 이 거짓(假)도 있게 되는 것이다.

진여眞如는 오직 진실만 있다.

---

269 거짓과 진실에 서로 통한다고 한 것은, 한 가지 모습을 거론함을 따라 스스로 거짓과 진실에 통하는 것이니, 말하자면 그 모습은 있는 까닭으로 이 진실이고, 그 자성은 없는 까닭으로 이 거짓이다. 이것은 곧 있는 것으로써 진실을 삼고, 비어 없는 것으로서 거짓을 삼는 것이다.

또한 거짓과 진실의 두 가지를 갖추고 있다고 한 것은, 말하자면 저 사실의 모습이 혹 거짓이 있나니 마치 물 가운데 영상과 그리고 군대와 숲과 병 등과 같은 것이요, 혹 진실이 있나니 오온·십이처·십팔계 등과 같은 것이다. 이것은 곧 거짓과 진실이 함께 있음에 나아가 말한 것이다. 그러나 여기에 진실이라 말한 것은 결정코 진실함을 말한 것이고, 아래 진여와 정지正智의 진실로써 진실을 삼는 것과는 같지 않는 것이다. 이상은 다 『잡화기』의 말이다.

270 명名은 오직 가假만 있다고 한 것은, 『유가론』 72권에 말하기를 오직 저 모습(相) 가운데 거짓으로 시설한 까닭이라 하고, 두 줄 뒤에 진여는 오직 진실만 있다고 한 것은, 『유가론』 72권에 말하기를 진여는 진실만 있나니 승의유勝義有에 섭속하는 까닭이라 하였다. 역시 『잡화기』의 말이다.

271 분별分別은 상相과 같다고 한 것은, 거짓과 진실을 함께 갖추고 있다는 말이다.

272 원문에 시실是實이라 한 실實 자는 『유가론』에는 없다.

두 가지 지혜(二智)[273]는 함께 진실만 있다.[274]

이 다섯 가지는 이제二諦 가운데 어느 제諦에 섭속되는가.
앞에 세 가지는 세속제의 있음(世俗有)에 속하는[275] 것이요,
진여는 승의제의 있음(勝義有)에 속하는 것이요,
근본지도 승의제의 있음에 속하는 것이요,
후득지는 둘이 있음(二有)[276]에 다 통하는 것이다.

다섯 가지는 어디로 좇아 나왔는가.
명名은 속제로 좇아 나왔고,[277]
상相과 더불어 분별分別[278]은 함께 서로 분별함으로 좇아 나왔고,

---

273 두 가지 지혜는 위에서 정지正智에 두 가지가 있다고 한 것이다.

274 함께 진실만 있다고 한 구俱 자는 저 『유가론』에는 없다. 저 『유가론』에는 말하기를 이 가운데 지혜는 진실로 있고(智是實有), 만약 이 지혜의 권속이 소유한 모든 心과 心所로 지혜를 삼는다면 곧 거짓을 말한 것이기에 그런 까닭으로 두 가지가 있다 하였다. 역시 『잡화기』의 말이다.

275 앞에 세 가지는 세속유에 속한다고 한 것은, 『유가론』 72권에 말하기를 이 세 가지가 다 이 잡염雜染으로 생기는 까닭이며 다 이 시설하는 근기인 까닭이다 하였다. 진여는 승의유에 속한다고 한 것은 진여가 이 청정의 반연하는 바 경계인 까닭이다. 역시 『잡화기』의 말이다.

276 원문에 이유二有는 세속유와 승의유이다.

277 명名은 속제로 좇아 나왔다고 한 것은, 『유가론』에 말하기를 보특가라가 속제로부터 나온 바라 하였다.

278 상相과 더불어 분별分別이라고 한 것은, 먼저 상과 분별을 인유하여 뒤에 상과 분별을 생기하나니, 그런 까닭으로 『유가론』에 말하기를 함께 서로

진여眞如는 난 적도 없고,

정지正智는 정법을 듣고 이치와 같이 생각함으로 좇아 나왔다.

이 다섯 가지 법이 하나가 되는가 다름이 되는가.

지금에 우선 상相을 가져 나머지 사법四法을 바라보고 다르고 다르지 아니함을 논한다면

첫 번째는 상相이 명名으로 더불어 만약 다르다면 명名은 응당 진실만 있어야 할 것이요,

만약 다르지 않다면 상相을 취함에 응당 명名을 얻을 수 없을 것이다.

두 번째는 상이 분별分別로 더불어 만약 다르다면 곧 분별은 응당 상相이 아닐[279] 것이요,

만약 다르지 않다면 분별 밖에 상相이 응당 분별로써 자성(性)을 삼아야 할 것이다.

세 번째는 상이 진여眞如로 더불어 만약 다르다면 곧 상相의 승의勝義는 응당 이 진여가 아니기에 관찰하는 사람이 응당 상相을 버리고 진여를 구해야 할 것이며, 바로 진여를 깨닫고 응당 상相을 깨닫지 말아야 할 것이요,

만약 다르지 않다면 진여는 차별이 없기에 상相도 또한 차별이

---

분별함으로 좇아 나왔다고 하였다. 이상은 『잡화기』의 말이다.

279 분별은 응당 상相이 아니라고 한 것은, 그러나 무릇 분별하는 바가 곧 이 모습(相)이라고 한다면 곧 가히 다르다 말할 수 없는 것이다. 분별 밖에 모습(相)이라 한 것은 분별 밖에 있는 바 모습을 말하는 것이라고 『잡화기』는 말한다.

없어서 상相을 얻을 때에 응당 진여를 얻어야 할 것이며, 또 진여를 얻을 때에 또한 상相을 얻어야 할 것이니
응당 진여의 청정이 아닐 것이다.
네 번째는 상相이 정지正智로 더불어라고 한 것은 상이 분별로 더불어라고 말한 것과 같다.[280]
응당 명名이 분별로[281] 더불어라는 것과 그리고 명名이 정지로 더불어라는 것과 그리고 분별分別이 정지로 더불어[282]라는 것에도 다 마땅히

---

280 상이 분별로 더불어라고 말한 것과 같다고 한 것은, 즉 여기 제 네 번째와 앞의 제 두 번째가 같다는 말이니, 구체적으로 말하면 상이 정지로 더불어 만약 다르다면 운운과 만약 다르지 않다면 운운과 같다는 것이다.

281 응당 명名이 분별로 운운한 것은, 이 위에는 곧 다섯 가지 법 가운데 상相의 한 법만 취하여 능대能對를 삼고 나머지 네 가지 법으로 소대所對를 삼아 하나(一)와 다름(異)의 뜻을 분별하였거니와, 이 가운데 명이 분별로 더불어라고 한 등은 명名의 한 법으로써 능대를 삼고 나머지 네 가지 법으로써 소대를 삼지만 그러나 다만 그 한결같이 다른 것만 설출하고 그 나머지 하나도 아니고 다르지도 않다고 한 것은 곧 생략하였으니, 말하자면 명이 분별로 더불어서는 지知와 무지無知가 서로 번복하고, 명이 정지로 더불어서는 진과 망이 서로 번복함이 있는 까닭으로 다만 다른 뜻만 있고 하나의 뜻은 없다. 그 명이 상相으로 더불어 하나와 다른 뜻은 앞에 상이 명으로 더불어라고 말한 것과 같고, 명이 진여로 더불어 하나와 다른 뜻은 앞에 상이 진여로 더불어라고 말한 것과 같나니 그런 까닭으로 다 생략된 것이다.

282 그리고 분별이 정지로 더불어라고 한 등은, 분별의 한 법으로써 능대를 삼고 나머지 네 가지 법으로써 소대를 삼지만 또한 다만 그 한결같이 다른 것만 설출하고, 분별이 명으로 더불어 한결같이 다른 것은 곧 위에 명이 분별로 더불어라 한 것이 편리한 까닭으로 또다시 말하지 않았다. 그 나머지 하나도 다르지도 않는 것은 곧 분별이 상으로 더불어 하나와 다른 것은

다르다면이라고 말해야 하는[283] 것인 줄 알아야 할 것이다.
나머지는 생략하나니 가히 알 수가 있을 것이다.[284]
이미 다섯 가지 법의 명名과 상相이 차별함을 알았으니,
지금에는 마땅히 소문疏文을 소석하겠다.

疏中에 先은 以五法屬文이요 後에 迷如下는 辯因起融攝이라 言迷如하야 以成名相하면 則妄想是生者는 此顯迷時에 唯有三法하니 一은 名이요 二는 相이요 三은 妄想이라 故此五法이 通該一切나 而不必同時니 謂妄想正智는 此必不並일새 故로 今有妄想하면 決無正智니라 其如如와 名相은 則有隱顯하니 此中迷故로 如如則隱하고 名相則顯

---

앞에 상이 분별로 더불어라고 말한 것과 같고, 분별이 진여로 더불어 하나와 다른 것은 앞에 상과 명이 진여로 더불어라고 말한 것과 같나니 그런 까닭으로 다 생략된 것이다. 또 만약 진여의 한 법으로써 능대를 삼고 나머지 네 가지 법으로써 소대를 삼는다면 곧 진여가 상으로 더불어 하나와 다른 것은 앞에 상이 진여로 더불어라고 말한 것과 같고, 진여가 명으로 더불어 하나와 다른 것은 앞에 명이 진여로 더불어라고 말한 것과 같고, 진여가 분별로 더불어 하나와 다른 것은 앞에 분별이 진여로 더불어라고 말한 것과 같고, 진여가 정지로 더불어 하나와 다른 것은 항상 설하는 바이니 그런 까닭으로 다 생략된 것이다. 그런 까닭으로 맺어 말하기를 나머지는 생략하나니 가히 알 수 있을 것이다 하였다. 역시 다 『잡화기』의 말이다.

283 다 마땅히 다르다면이라고 말해야 한다고 한 것은, 명이 분별로 더불어 만약 다르다면 운운과 분별이 정지로 더불어 다르다면 운운을 말한 것이다.

284 나머지는 생략하나니 가히 알 수가 있을 것이라고 한 것은, 명이 분별로 더불어 다르지 않다면 운운과 분별이 정지로 더불어 다르지 않다면 운운 등은 가히 알 수 있을 것이라는 것이다.

이라 次云悟名相之本如하면 執翻成智者는 此顯悟時에 但有其二니 一은 正智요 二는 如如라 旣有正智인댄 決無妄想이요 了得如如인댄 名相卽隱이라 雖不壞相이나 擧體卽空하고 理奪於事하야 無不蕩盡일새 是故空中에 無色等法이라 故楞伽云호대 謂了名相과 及與妄想의 體不可得이 名爲正智요 如如는 卽是名相과 妄想이 本自不生이라하니 釋曰 名相不生하면 則境如矣요 妄想不生하면 則心如矣요 了心境如하면 是爲正智라 故唯正智와 及如如存이라 次云如外無智일새 智體卽如者는 復融上二하야 以爲一味니 如外無智는 卽以如攝智요 智體卽如는 是以智攝如니 合爲一味라 故下經云호대 無有智外如가 爲智所入이요 亦無如外智가 能證於如라하니 卽斯義也니라 故疏結云호대 此二猶空하야 寂照無礙라하니 寂卽是如요 照卽是智라 如日合空하면 雖有二事나 一相難分이니라

소문 가운데 먼저는 다섯 가지 법으로써 경문에 배속한[285] 것이요, 뒤에 진여를 미하여[286] 명名과 상相을 이루었다고 한 아래는 원인하여 일어나고 융합하여 섭수함[287]을 분별한 것이다.

진여를 미하여 명과 상을 이루면 곧 망상이 일어난다고 말한 것은, 이것은 미할 때에 오직 세 가지 법이 있게 됨을 나타낸 것이니

---

285 경문에 배속했다고 한 것은, 경문 가운데 허공에 배속한 것이다.

286 진여를 미혹하여 운운은, 영인본 화엄 3책, p.102, 5행 소문이다.

287 융합하여 섭수한다고 한 것은, 소문에 진여 밖에 지혜가 없다고 한 아래는 융합하여 섭수한다는 뜻이다.

첫 번째는 명名이요,

두 번째는 상相이요,

세 번째는 망상이다.

그런 까닭으로 이 다섯 가지 법이 모두 일체를 갖추었지만 반드시 때가 같지는 않나니

말하자면 망상과 정지는 이것은 반드시 병합할 수 없기에 그런 까닭으로 지금에 망상이 있으면 결정코 정지가 없게 되는 것이다.

그 여여如如와 명名과 상相은 곧 숨고 나타남이 있나니,

이 진여 가운데 미한 까닭으로 여여는 곧 숨고 명과 상은 곧 나타나는 것이다.

다음에 명과 상이 본래 진여인 줄 깨달으면 집착이 바뀌어 지혜를 이룬다고 말한 것은, 이것은 깨달을 때에 다만 그 두 가지 법만 있게 됨을 나타낸 것이니

첫 번째는 정지正智요,

두 번째는 여여如如이다.

이미 정지가 있었다면 결정코 망상이 없을 것이요,

마침내 여여를 얻었다면 명과 상이 곧 숨을 것이다.

비록 상을 무너뜨리지 않았지만 전체(擧體)가 곧 공空하고 진리(理)가 사실(事)을 빼앗아 탕진하지 아니함이 없기에 이런 까닭으로 공空 가운데 색色 등의 법이 없는 것이다.

그런 까닭으로 『능가경』에 이르기를 말하자면 명名과 상相과 그리고 망상妄想의 자체를 가히 얻을 수 없는 것인 줄 요달하는 것이 이름하여

정지正智[288]가 되는 것이고,
여여如如는 곧 이 명名과 상相과 망상妄想이 본래 스스로 난 적이 없다 하였으니
해석하여 말한다면 명과 상이 일어나지 아니하면 곧 경계가 여여할 것이요,
망상이 일어나지 아니하면 곧 마음이 여여할 것이요,
마음과 경계가 여여한 줄 요달하면 이것이 정지가 되는 것이다.
그런 까닭으로 오직 정지와 그리고 여여만이 존재할 뿐이다.

다음에 진여 밖에 지혜가 없기에 지혜 자체가 곧 진여라고 말한 것은 다시 위에 둘을 융합하여 한맛을 삼은 것이니,
진여 밖에 지혜가 없다고 한 것은 곧 진여로써 지혜를 섭수한 것이요,
지혜 자체가 곧 진여라고 한 것은 이것은 지혜로써 진여를 섭수한 것이니,
합하여 한맛이 되는 것이다.
그런 까닭으로 아래 경에 말하기를[289] 지혜 밖에 진여가 지혜의 증입할 바가 될 수 없고,
또한 진여 밖에 지혜가 능히 진여에 증입할 수 없다 하였으니 곧 이 뜻이다.

---

288 정지正智는 대만본에 정지여여正智如如라고 이어서 해석하였으나 옳지 않다.

289 아래 경에 말하였다고 한 것은 수진 역주, 『청량국사화엄경소초』『현담』 1권, p.154, 5행과 『현담』 5권, p.208, 1행에 이미 말한 바 있으며, 「십회향품」에 있는 말이다.

그런 까닭으로 소문(疏)에 맺어 말하기를 이 둘이 허공과 같아서
고요한 것(寂)과 비추는 것(照)이 걸림이 없다 하였으니
고요한 것(寂)은 곧 이 진여요,
비추는 것(照)은 곧 이 정지이다.
마치 태양이 허공에 합하면 비록 두 가지 일[290]이 있지만 한 모습(一相)
으로 나누기 어려운 것과 같은 것이다.

290 두 가지 일이란, 고요한 것과 비추는 것이다.

經

如來無量劫에　廣說諸聖道하시며
普滅衆生障하시니　圓光悟此門이니다

여래가 한량없는 세월에
널리 모든 성스러운 도를 설하시며
널리 중생들의 장애를 제멸하시니
이장원광[291] 주공신이 이 법문을 깨달았습니다.

疏

四中에 長行及列엔 並名安住라하고 今云圓光이라하니 圓光表智요 安住表定이라 二事相資일새 前後互擧하니 並能滅障이 於理無違니라

네 번째 게송 가운데 장행문과 그리고 열명列名에는 아울러 이름을 안주라 하고, 지금에는 원광이라 말하니
원광圓光은 지혜를 표한 것이요,
안주安住는 삼매를 표한 것이다.
두 가지 일이 서로 돕기에 앞의 장행문과 뒤의 게송에 서로 거론하였

291 원문에 원광圓光은, 이장원광離障圓光이니, 장행문에는 이장안주離障安住라 하였다.

으니,

아울러 능히 장애를 제멸한다[292]는 것이 이치에 어긋남이 없는 것이다.

292 아울러 능히 장애를 제멸한다고 한 것은, 여기 게송에 널리 중생들의 장애를 제멸한다 하고, 앞의 장행문에 능히 일체중생의 업혹에 장애를 제멸한다고 한 것을 말한다.

經

我觀佛往昔에　所集菩提行은
悉爲安世間이시니　妙髻行斯境이니다

一切衆生界가　流轉生死海어늘
佛放滅苦光하시니　無礙神能見이니다

내 보니 부처님이 지나간 옛날에
모은 바 보리菩提의 행은
모두 다 세간을 안락케 하기 위함이시니
광보묘계 주공신이 이 경계를 행하였습니다.

일체중생의 세계가
생사의 바다에 유전하거늘
부처님이 고통을 제멸하는 광명을 놓으시니
무애광염 주공신이 능히 보았습니다.

疏

六中에 生死海者는 瑜伽七十云호대 五法相似로 生死가 得大海名이니 一은 處無邊相似故요 二는 甚深故요 三은 難度故요 四는 不可飮故요 五는 大寶所依故라하니 釋曰 由前四義하야 衆生流轉하고 由第五義하야 菩薩入之하나니 且約分喩니라 第九十云호대

由三相故로 不同水海니 一은 自性不同이니 謂水海는 唯色一分이요 二는 淪沒不同이니 唯人畜故며 唯沒身故요 三은 超度不同이니 未離欲者도 亦能度故라하니라 生死海는 反上이니 可思니라 餘七偈는 可知라

여섯 번째 게송 가운데 생사의 바다라고 한 것은, 『유가론』 칠십권에 말하기를 다섯 가지 법이 서로 비슷함으로 생사가 큰 바다라는 이름을 얻나니
첫 번째는 처소가 끝이 없는 것이 서로 비슷한 까닭이요,
두 번째는 깊고도 깊은 것이 서로 비슷한 까닭이요,
세 번째는 건너기 어려운 것이 서로 비슷한 까닭이요,
네 번째는 가히 마실 수 없는[293] 것이 서로 비슷한 까닭이요,
다섯 번째는 큰 보배가 의지하는 바가 서로 비슷한 까닭이라 하였으니
해석하여 말하면 앞에 네 가지 뜻을 인유하여 중생은 유전하고, 제 다섯 번째 뜻을 인유하여[294] 보살은 그 생사에 들어가나니 또한 부분적 비유를 잡은 것이다.

---

293 가히 마실 수 없다고 한 것은, 『잡화기』에 말하기를 바닷물이 맛이 짠 까닭으로 가히 마실 수 없는 것이니 곧 생사의 일이 고통스러운 까닭으로 가히 집착하지 않는 것이다 하였다.

294 제 다섯 번째 뜻을 인유한다고 한 등은, 그런 까닭으로 말하기를 만약 생사에 들어가지 아니하면 어찌 능히 열반을 얻겠는가 한 것이다. 역시 『잡화기』의 말이다.

『유가론』 제구십권에 말하기를 삼상三相을 인유한 까닭으로 물의 바다 비유와는 같지 않나니

첫 번째는 자성이 같지[295] 않나니

말하자면 물의 바다는 오직 색의 한 부분일 뿐이요,

두 번째는 빠지는 것이 같지 않나니[296]

오직 사람과 축생이 빠지는 까닭이며 오직 몸이 빠지는[297] 까닭이요,

세 번째는 뛰어 건너는 것이 같지 않나니

욕망을 떠나지 못한 사람도[298] 또한 능히 건너는 까닭이라 하였다.

---

295 자성이 같지 않다고 한 것은, 『유가론』 구십권에 말하기를 물의 큰 바다는 색의 한 부분만으로써 자성을 삼는 까닭으로 끝이 있고 양이 있거니와, 생사의 바다는 일체 행업으로써 자성을 삼는 까닭으로 양도 없고 끝도 없다 하였다. 역시 『잡화기』의 말이다.
그러나 원문에 동분同分이라 한 분分 자는 없는 것이 좋아 없애고 번역하였다. 그대로 두고 번역한다면 "일분도 같지 않나니"라고 번역할 것이다. 그러나 아래 문장을 보면 역시 없는 것이 좋다 하겠다.

296 두 번째는 빠지는 것이 같지 않다고 한 것은, 『유가론』 구십권에 말하기를 물의 큰 바다는 방생(傍生－축생)과 사람이 그 가운데 빠지거든, 생사의 바다는 모든 하늘과 세간 사람들이 또한 항상 빠진다 하였다.

297 오직 몸이 빠진다고 한 것은, 『유가론』 구십권에 말하기를 물의 큰 바다는 오직 몸을 인유한 까닭으로 빠지고, 말과 뜻의 이업二業과 탐 등 삼혹三惑과 생사 등 수많은 고통의 법을 인유한 까닭으로 저 가운데 빠지는 것이 아니다 하였다. 생사의 바다는 몸 등 삼업과 탐 등 수많은 고통의 법을 인유한 까닭으로 빠지는 것이다.

298 욕망을 떠나지 못한 사람이라고 한 등은, 『유가론』 구십권에 말하기를 물의 큰 바다는 아직 탐욕을 떠나지 아니한 모든 이생異生의 유형도 오히려 능히 뛰어 건너거든 어찌 하물며 그 나머지 유형이겠는가. 생사의 바다는

생사의 바다는 위에서 말한 것과 반대이니

가히 생각하면 알 수가 있을 것이다.

나머지 일곱 게송[299]은 가히 알 수가 있을 것이다.

---

아직 탐욕을 떠나지 아니한 사람이 다섯 가지 가히 좋아하는 경계의 차별을 인유한 까닭으로 가히 건너지 못하는 것이다 하였다. 역시 다 『잡화기』의 말이다.

299 나머지 일곱 게송이라고 한 것은, 열 가지 게송 가운데 三, 四, 六의 세 가지 게송만 소문에서 해석하였기에 나머지 일곱 게송이라 한 것이다. 즉 영인본 화엄 3책, p.102, 2행에 제 세 번째 게송과, 같은 책, p.106, 말행에 제 네 번째 게송과, 같은 책, p.107, 5행에 제 여섯 번째 게송이 세 가지 게송이다.

『잡화기』는 다만 이 단段의 상·하에 소문이 없음을 한꺼번에 가리킨 것이다 하였다.

經

清淨功德藏이　能爲世福田하사
隨以智開覺하시니　力神於此悟이니다

衆生癡所覆로　流轉於險道어늘
佛爲放光明하시니　離垢神能證이니다

智慧無邊際하사　悉現諸國土하야
光明照世間하시니　妙音斯見佛이니다

佛爲度衆生하사　修行遍十方하시니
如是大願心을　普現能觀察이니다

청정한 공덕의 창고가
능히 세간의 복 밭이 되어
세간을 따라 지혜로써 열어 깨닫게 하시니
무애승력 주공신이 여기에서 깨달았습니다.

중생이 어리석음에 덮인 바로
험난한 길에 유전하거늘
부처님이 그들을 위하여 광명을 놓으시니
이구광명 주공신이 능히 증득하였습니다.

지혜의 광명이 끝이 없어
다 모든 국토에 나타나
그 광명으로 세간을 비추시니
심원묘음 주공신이 여기에서 부처님을 보았습니다.

부처님이 중생을 제도하기 위하여
수행을 시방에서 두루하시니
이와 같은 큰 서원의 마음을
보현[300]시방 주공신이 능히 관찰하였습니다.

300 보현은 장행문에 광변光遍이라 하였다.

經

復次 無礙光明主風神은 得普入佛法과 及一切世間하는 解脫門하며

다시 무애광명 주풍신은[301] 널리 불법과 그리고 일체 세간에 들어가는 해탈문을 얻었으며,

疏

第五는 主風神이니 十法이라 一은 以方便風으로 合智日光이니 智入深法이나 而無障礙요 身入世間이나 而無影像이라

제 다섯 번째는 주풍신이니
십법이 있다.
첫 번째는 방편의 바람으로써 지혜의 태양 광명에 명합한 것이니 지광智光으로 깊은 법에 들어가지만 그러나 걸림이 없는 것이요, 신광身光으로 세간에 들어가지만 그러나 그림자가 없는 것이다.

301 무애광명 주풍신 이하는 제 여섯 번째 선현행에 속한다.

經

普現勇業主風神은 得無量國土의 佛出現에 咸廣大供養하는 解脫門하며

보현용업 주풍신은 한량없는 국토의 부처님이 출현하심에 다 광대하게 공양하는 해탈문을 얻었으며,

疏

二는 菩薩이 以求菩提之大心으로 持稱眞之供具를 等虛空之廣大하고 不礙事之繁多하야 而以全法之身으로 一念에 供無邊之佛호미 如彼風力이 無不成也니라

두 번째는 보살이 보리를 구하는 큰마음으로써 진여에 칭합한 공양구를 허공과 같이 광대하고 일에 걸림이 없을 만큼 많이(繁多) 가져, 온 법계의 몸으로써 한 생각에 끝없는 부처님께 공양하는 것이 저 바람의 힘이 이루지 못하는 것이 없는 것과 같은 것이다.

經

飄擊雲幢主風神은 得以香風으로 普滅一切衆生病케하는 解脫門하며

표격운당 주풍신은 향기로운 바람으로써 널리 일체중생의 병을 제멸케 하는 해탈문을 얻었으며,

疏

三은 長風忽來하면 浮雲散滅이요 慈風忽起하면 惑苦病亡이라

세 번째는 긴 바람이 홀연히 불어오면 뜬구름이 흩어져 사라지고, 자비의 바람이 홀연히 일어나면 번뇌 고통의 병이 없어지는 것이다.

經

淨光莊嚴主風神은 得普生一切衆生善根하야 令摧滅重障山케 하는 解脫門하며

정광장엄 주풍신은 널리 일체중생에게 선근을 내게 하여 하여금 무거운 장애의 산을 꺾어 없애게 하는 해탈문을 얻었으며,

疏

四는 福智莊嚴之風으로 摧壞如山之障이라

네 번째는 복덕과 지혜로 장엄한 바람으로
산과 같은 장애를 꺾어 무너뜨리는 것이다.

經

力能竭水主風神은 得能破無邊惡魔衆하는 解脫門하며

역능갈수 주풍신은 능히 끝없는 악마의 대중을 깨뜨리는 해탈문을 얻었으며,

疏

五는 十力降魔에 十軍皆殄이라 獨名竭水者는 欲愛爲初故니라

다섯 번째는 십력十力으로 마군을 항복 받음에 십군十軍이 다 죽는 것이다.
홀로 이름을 갈수竭水라고 한 것은 욕애欲愛가 처음이 되는 까닭이다.

鈔

十力降魔에 十軍皆殄者는 智論第六云호대 欲은 爲汝初軍이요 憂愁軍은 第二요 饑渴軍은 第三이요 渴愛軍은 第四요 睡眠軍은 第五요 怖畏軍은 第六이요 疑軍은 爲第七이요 含毒軍은 第八요 利養軍은 第九요 著虛妄名聞하야 自高軍은 第十이니 輕慢於他人이라 汝等軍이 如是하야 一切世間人과 及諸一切天이 無能破之者어늘 我以智慧箭하고 修定智爲弓하야 摧破汝魔軍호대 如坏瓶投水라하니 今以愛欲爲水일새 故偏語之니라

십력으로 마군을 항복 받음에 십군이 다 죽는다고 한 것은, 『지도론』 제육권에[302] 말하기를 욕애는 저 마군의 처음 군대요,
근심의 군대는 제 두 번째요,
기갈饑渴의 군대는 제 세 번째요,
갈애渴愛의 군대는 제 네 번째요,
수면睡眠의 군대는 제 다섯 번째요,
포외怖畏의 군대는 제 여섯 번째요,
의심의 군대는 제 일곱 번째요,
함독含毒의 군대[303]는 제 여덟 번째요,
이양利養의 군대는 제 아홉 번째요,
허망한 명성에 집착하여 스스로를 높이는 군대는 제 열 번째이니, 다른 사람을 가볍게 여기고 속이는 것이다.
저 등의 군대가 이와 같아서 일체 세간 사람과 그리고 모든 일체 하늘이 능히 깨뜨릴 자가 없거늘, 내가 지혜로써 화살을 삼고 선정과 지혜를 닦음으로 활을 삼아 저 마군을 꺾어 깨뜨리되 마치 흙 병[304]을 물에 던지는 것과 같이 한다 하였으니,

---

302 『지도론』 제육권 운운은, 십군이 여기 초문에서는 『지도론』 제육권에 있다 하고, 운허 『불교사전』 p.524에서는 십군이 『지도론』 제십오권에 있다 하였으니 살펴볼 것이다.

303 함독含毒의 군대라고 한 것은, 독을 품은 군대를 말한다.

304 흙 병이란, 『잡화기』에 말하기를 아직 불을 붙이지 아니한 도자 병이니, 흙 병을 물에 던진다고 한 것은, 그 병이 쉽게 깨어지는 것을 말한 것이다 하였다.

지금에는 애욕으로써 물을 삼기에 그런 까닭으로 치우쳐 그 갈수渴水를 말하였을 뿐이다.

經

大聲遍吼主風神은 得永滅一切衆生怖케하는 解脫門하며

대성변후 주풍신은 영원히 일체중생의 두려움을 제멸케 하는 해탈문을 얻었으며,

疏

六은 毛孔慈音으로 滅除五怖호미 若百竅異吹하야 遍吼悅機니라

여섯 번째는 털구멍에 자비의 음성으로 다섯 가지 두려움[305]을 멸제케 하는 것이 마치 백 개의 구멍들이[306] 부는 것이 다름과 같이 변후遍吼[307]로 중생을 기쁘게 하는 것이다.

鈔

言若百竅異吹者는 義則可知니 事出莊子니라

---

305 다섯 가지 두려움이라고 한 것은, 불활不活과 악명惡名과 사死와 악도惡道와 대중위덕大衆威德이다.

306 백 개의 구멍이라고 한 등은, 백 개의 구멍이 뚫린 큰 나무가 바람이 불면 구멍마다 각각 다른 소리를 낸다고 한 것을 뜻으로 인용한 것이니, 『장자』 제물론을 참고할 것이다.

307 변후遍吼라고 한 것은, 세간에 두루하는 소리이다.

마치 백 개의 구멍들이 부는 것이 다름과 같다고 말한 것은 그 뜻을 곧 가히 알 수 있을 것이니, 그 사실은 『장자』 제물론齊物論에서 나왔다.

經

樹杪垂髻主風神은 得入一切諸法實相하는 辯才海의 解脫門하며

수초수계 주풍신은 일체 모든 법의 실상에 들어가는 변재 바다의 해탈문을 얻었으며,

疏

七은 智入實相일새 故妙辯如海요 如風擊樹일새 故能下垂니라

일곱 번째는 지혜로 실상에 들어가기에 그런 까닭으로 묘한 변재가 바다와 같고,
바람이 나무를 치기에[308] 그런 까닭으로 능히 아래로 내리는[309] 것이다.

---

308 바람이 나무를 친다고 한 등은, 『잡화기』에 말하기를 공자가 말하되 군자의 덕은 바람이고 소인의 덕은 풀이니, 풀은 오히려 바람이 불면 반드시 쓰러진다 하였으니, 지금에는 그 뜻만 취하였다 하였다.

309 아래로 내린다고 한 것은, 바람이 불면 나뭇가지가 밑으로 내려 처지는 것을 말한다.

經

普行無礙主風神은 得調伏一切衆生하는 方便藏의 解脫門하며

보행무애 주풍신은 일체중생을 조복하는 방편 창고의 해탈문을 얻었으며,

疏

八은 調生方便이 爲智所入일새 故名爲藏이라

여덟 번째는 중생을 조복하는 방편이
지혜의 들어갈 바가 되기에
그런 까닭으로 이름을 창고라 한 것이다.

經

種種宮殿主風神은 得入寂靜禪定門하야 滅極重愚癡闇케하는 解脫門하며

종종궁전 주풍신은 적정한 선정의 문에 들어가서 지극히 무거운 어리석음의 어둠을 멸제케 하는 해탈문을 얻었으며,

疏

九는 禪定宮殿은 必定慧雙游일새 故能滅癡闇이 約佛則動寂無二일새 見必滅癡니라

아홉 번째는 선정의 궁전은 반드시 선정과 지혜가 함께 노닐기에 그런 까닭으로 능히 어리석음의 어둠을 멸제케 하고,
부처를 잡음에 곧 움직이는 것(動)과 고요한 것(寂)이 둘이 없기에 친견함에 반드시 어리석음을 멸제케 되는 것이다.

經

大光普照主風神은 得隨順一切衆生하는 行無礙力의 解脫門하니라

대광보조 주풍신은 일체중생을 수순하는 행에 걸림이 없는 힘의 해탈문을 얻었습니다.

疏

十은 日月明照는 非風不運이요 智行無礙는 方便力焉이라

열 번째는 해와 달이 밝게 비추는 것은 바람이 아니면 움직일 수 없고,
지혜와 행이 걸림이 없는 것은 방편의 힘이다.

經

爾時에 無礙光明主風神이 承佛威力하야 普觀一切主風神衆하고 而說頌言호대

그때 무애광명 주풍신이 부처님의 위신력을 받아 널리 일체 주풍신의 대중을 관찰하고 게송을 설하여 말하기를,

疏

十偈는 可知라

열 게송은 가히 알 수가 있을 것이다.

經

一切諸佛法甚深거늘 無礙方便普能入하사
所有世間常出現하시나 無相無形無影像이니다

汝觀如來於往昔에 一念供養無邊佛하시고
如是勇猛菩提行하시니 此普現神能悟了이니다

如來救世不思議일새 所有方便無空過하고
悉使衆生離諸苦케하시니 此雲幢神之解脫이니다

衆生無福受衆苦하고 重蓋密障常迷覆거늘
一切皆令得解脫케하시니 此淨光神所了知이니다

如來廣大神通力으로 克殄一切魔軍衆은
所有調伏諸方便이니 勇健威力能觀察이니다

佛於毛孔演妙音호대 其音普遍於世間하사
一切苦畏皆令息케하시니 此遍吼神之所了이니다

佛於一切衆刹海에 不思議劫常演說하시니
此如來地妙辯才는 樹杪髻神能悟解이니다

佛於一切方便門에　　智入其中悉無礙하사
境界無邊無與等하시니　此普行神之解脫이니다

如來境界無有邊하사　　處處方便皆令見케하사대
而身寂靜無諸相하시니　種種宮神解脫門이니다

如來劫海修諸行하사　　一切諸力皆成滿하시고
能隨世法應衆生하시니　此普照神之所見이니다

일체 모든 부처님의 법은 깊고도 깊거늘
걸림 없는 방편으로 널리 능히 들어가서
있는 바 세간에 항상 출현하시지만
모습도 없고 형상도 없고 그림자도 없습니다.

그대들은 보세요. 여래가 지나간 옛날에
한 생각에 끝없는 부처님께 공양하시고
이와 같이 용맹스레 보리를 수행하셨으니
이것은 보현용업 주풍신이 능히 깨달아 알았습니다.

여래가 세간을 구제하심은 사의할 수 없기에
있는 바 방편으로 헛되이 지나지 않고
다 중생으로 하여금 모든 고통을 떠나게 하시니
이것은 표격운당 주풍신의 해탈입니다.

중생이 복이 없어 수많은 고통을 받고
무거운 번뇌(蓋)와 조밀한 장애(障)에 항상 미하여 덮여 있거늘
그들 일체를 다 하여금 해탈을 얻게 하시니
이것은 정광장엄 주풍신이 요달하여 안 바입니다.

여래가 광대한 신통력으로
능히 일체 마군중을 죽이시는 것은
있는 바 조복하는 모든 방편의 힘이니
용건위력[310] 주풍신이 능히 관찰하였습니다.

부처님이 털구멍에 묘한 음성을 연설하시되
그 음성이 널리 세간에 두루하게 하여
일체중생의 고통과 두려움을 다 하여금 쉬게 하시니
이것은 대성변후 주풍신이 요달한 바입니다.

부처님이 일체 수많은 국토 바다에서
사의할 수 없는 세월토록 항상 연설하시니
이 여래지의 묘한 변재는
수초수계 주풍신이 능히 깨달아 알았습니다.

부처님이 일체 방편문에

---

310 용건위력은 장행문에는 역능갈수力能竭水라 하였다.

지혜로 그 가운데 들어가 다 걸림이 없으사
경계가 끝이 없고 더불어 같을 이 없으시니
이것은 보행무애 주풍신의 해탈입니다.

여래의 경계는 끝이 없어서
곳곳에 방편으로 다 하여금 보게 하시지만
그러나 그 몸은 적정하여 모든 모습이 없으시니
종종궁전 주풍신의 해탈문입니다.

여래가 수많은 세월의 바다에서 모든 행을 닦아
일체 모든 힘을 다 이루어 만족하시고
능히 세간의 법을 따라 중생을 응대하시니
이것은 대광보조 주풍신의 본 바입니다.

**청량 징관**(淸凉 澄觀, 738~839)

중국 화엄종의 제4조.

절강성浙江省 월주越州 산음山陰 사람으로, 속성은 하후夏侯, 자는 대휴大休, 탑호는 묘각妙覺이다.

11세에 출가하여 계율, 삼론, 화엄, 천태, 선 등을 비롯, 내외전을 두루 수학하였다. 40세(777년) 이후 오대산 대화엄사에 머물면서 『화엄경』을 여러 차례 강설하였으며, 이를 토대로 『대방광불화엄경소』 60권, 『대방광불화엄경수소연의초』 90권을 저술하고 강의하였다. 796년에는 반야삼장의 『40권 화엄경』 번역에 참여하였고, 덕종에게 내전에서 화엄의 종지를 펼쳤다. 덕종에게 청량국사淸凉國師, 헌종에게 승통청량국사僧統淸凉國師라는 호를 받는 등 일곱 황제의 국사를 지냈다.

저서로 『화엄경주소華嚴經註疏』, 『화엄경수소연의초華嚴經隨疏演義鈔』, 『화엄경강요華嚴經綱要』, 『화엄경략의華嚴經略義』, 『법계현경法界玄鏡』, 『삼성원융관문三聖圓融觀門』 등 400여 권이 있다.

**관허 수진**貫虛 守眞

1971년 문성 스님을 은사로 출가, 1974년 수계, 해인사 강원과 금산사 화엄학림을 졸업하고, 운성, 운기 등 당대 강백 열 분에게 10년간 참문수학하였다.

1984년부터 수선안거 10년을 성만하고, 1993년부터 7년간 해인사 강원 강주로 학인들을 지도하였다.

대한불교조계종 교육위원, 역경위원, 교재편찬위원, 중앙종회의원, 범어사 율학승가대학원장 및 율주를 역임하였다.

현재 부산 승학산 해인정사에 주석하면서, 대한불교조계종 고시위원장, 단일계단 계단위원·존증아사리, 동명대학교 석좌교수, 동명대학교 세계선센터 선원장 등의 소임을 맡고 있다.

## 청량국사화엄경소초 15 - 세주묘엄품 ⑤

초판 1쇄 인쇄 2021년 4월 16일 | 초판 1쇄 발행 2021년 4월 26일
청량 징관 찬술 | 관허 수진 현토역주 | 펴낸이 김시열
펴낸곳 도서출판 운주사
(02832) 서울시 성북구 동소문로 67-1 성심빌딩 3층
전화 (02) 926-8361 | 팩스 0505-115-8361
ISBN 978-89-5746-645-2 94220
ISBN 978-89-5746-592-9 (총서) 값 20,000원
http://cafe.daum.net/unjubooks 〈다음카페: 도서출판 운주사〉